LA SOMBRA DE SEDA

No apto para religiosos

LA SOMBRA DE SEDA

First edition. September 26, 2024.

Copyright © 2024 DR. SAMUEL SOTO.

ISBN: 979-8227832535

Written by DR. SAMUEL SOTO.

Tabla de Contenido

Como corbata, fui testigo de la intrincada historia que se desplegaba en "El eco de la gracia", un lugar donde la fe y la moralidad convergían en una danza compleja. Mi existencia comenzó cuando fui seleccionada por una admiradora secreta para ser entregada a José, el carismático líder religioso de aquella comunidad.

Aquella misteriosa admiradora, envuelta en un halo de enigma, colocó una nota inusual junto a mí en la caja que me contenía. En ella, con letras cuidadosamente trazadas, expresaba su deseo de que mi presencia alrededor del cuello de José fuera un recordatorio constante de las sombras que acechan la moralidad y la integridad.

Con una mezcla de curiosidad y gratitud, José aceptó el regalo y me adoptó como parte integral de su atuendo. Mis suaves hilos de seda se entrelazaron con su imagen imponente, y así, fui testigo de sus sermones elocuentes y su habilidad para cautivar a las masas con su buena oratoria.

Sin embargo, a medida que el tiempo avanzaba, comencé a descubrir las múltiples facetas de José. Detrás de su fachada de virtud y rectitud, se ocultaban debilidades y secretos oscuros. Era en esos momentos de privacidad, cuando las máscaras caían y las verdaderas intenciones se revelaban, me encontraba en primera línea para presenciar el lado más sombrío de su moralidad.

Susurros y confesiones susurradas se filtraban a través de mis fibras, exponiendo las dudas internas, las contradicciones y las acciones cuestionables de José. La admiradora secreta, conocedora de los secretos más íntimos del líder, había elegido darme como un desafío silencioso, una forma de confrontarlo y obligarlo a enfrentar su propia oscuridad.

La nota inusual que me acompañaba se convirtió en una carga pesada para José. Cada vez que se miraba en el espejo y veía mi presencia alrededor de su cuello, recordaba la advertencia en aquellas palabras escritas: recordatorio constante de sus fallas y la fragilidad de su moralidad. Su lucha interna se intensificaba, y yo me convertí en un testigo impasible de sus tormentos y contradicciones.

A medida que la historia avanzaba, yo, como corbata, me convertí en una voz silenciosa pero persistente en la vida de José. A través de mi tacto suave y de mis susurros, buscaba confrontarlo con sus propias contradicciones, desafiando su discurso público de virtud y rectitud. Intentaba que se cuestionara a sí mismo y reflexionara sobre su verdadero propósito como líder religioso.

Sin embargo, mi influencia no se limitaba solo a José. Mi presencia se filtraba entre los fieles de "El eco de la gracia", sembrando semillas de duda y cuestionamiento en sus corazones. Algunos comenzaron a notar las grietas en la fachada del líder, y la comunidad misma se vio sacudida por la incertidumbre y la crisis de fe.

La historia que se desarrolló a través de mis hilos de seda se convirtió en un reflejo desgarrador de la condición humana y la lucha constante entre el bien y el mal. José, el líder religioso, se encontró atrapado en su propia red de engaños y debilidades, mientras que yo, como corbata, fui la narradora silenciosa de su caída y redención.

Así fue como mi existencia se entrelazó con el destino de José y la comunidad de "El eco de la gracia", en una historia de moralidad y oscuridad, donde las apariencias engañosas y las debilidades humanas fueron expuestas con crudeza y realismo.

⎯⎯⎯⎯⎯◉⎯⎯⎯⎯⎯

"*Estimado José,*

He aquí una corbata, un regalo que llega a ti desde la oscuridad de lo desconocido. Una corbata que envuelve en sí misma el misterio y las debilidades de aquellos que creen portar la moralidad en su pecho.

En este pequeño fragmento de papel, te brindo una mirada fugaz al pasado, a esos amoríos clandestinos y a los susurros de chismes que resuenan en los rincones del tiempo. La vida, mi querido líder religioso, es una danza de máscaras y contradicciones, donde la moral se desvanece como un sueño efímero.

Observa estas líneas, imperfectas y borrosas, y adéntrate en el laberinto de las palabras sin concluir. ¿Acaso no es la ambigüedad el reflejo más fiel de la existencia humana? ¿Quiénes somos realmente cuando las máscaras caen y la verdad desnuda se hace presente?

Te invito a adentrarte en tu propia moralidad, a enfrentar tus debilidades y a descubrir el lado oscuro que se oculta tras tus palabras persuasivas y tu buena oratoria. Despoja tu alma de sus pretensiones y permite que la ambigüedad te guíe hacia la comprensión más profunda de ti mismo.

Recuerda, querido José, que el verdadero valor no reside en la perfección moral, sino en la honestidad de reconocer nuestras sombras y en la búsqueda constante de redención.

Con fervor y ambigüedad,"

Una admiradora secreta

Envuelta en papel sedoso y atada con un lazo delicado, fui entregada como un regalo misterioso en manos de José, el líder religioso del lugar que presidía "El eco de la gracia". La admiradora secreta, cuya identidad permanecía oculta entre las sombras, había seleccionado meticulosamente esta corbata como una forma peculiar de llamar la atención del carismático hombre.

José era conocido por su buena oratoria y su habilidad para cautivar a las masas con sus palabras persuasivas. Su voz resonaba en los corazones de los fieles, y su presencia en el púlpito infundía un sentido de devoción y fervor religioso en aquellos que le escuchaban.

Con elegancia y aplomo, José se presentó ante la congregación en "El eco de la gracia". Vestido impecablemente, luciendo la corbata que yo, como narrador silencioso, le había sido otorgada. Su figura imponente y su carisma envolvieron a la multitud mientras comenzaba su discurso.

"Queridos hermanos y hermanas, nos encontramos aquí en busca de la gracia divina, en busca de respuestas a nuestros dilemas morales", declaró José, su voz resuena como un eco en el espacio sagrado. "La moralidad no es un camino fácil, está lleno de obstáculos y tentaciones. Pero es en la lucha contra nuestras propias debilidades que encontramos el verdadero significado de la redención".

Las palabras de José fluían como un río caudaloso, abarcando temas de pecado, arrepentimiento y la complejidad de la condición humana. Recitaba fragmentos de sabiduría ancestral y ofrecía consejos para lidiar con las máscaras que cada uno lleva consigo.

"La moralidad no es solo un conjunto de reglas impuestas, sino una exploración profunda de nuestro ser. No debemos temer a nuestras propias sombras, sino enfrentarlas con valentía y compasión. Solo al reconocer nuestras debilidades y abrazar nuestra humanidad podemos trascender hacia una vida auténtica y en armonía con el propósito divino", continuó José, su voz envolviendo el espacio sagrado.

Mientras escuchaba sus palabras, podía sentir la tensión entre la imagen impoluta que José proyectaba y las historias ambiguas y borrosas que yo, como corbata, guardaba en mis fibras. Me convertí en testigo silencioso de su dualidad, una dualidad que resonaba con la condición humana misma.

Y así, en ese lugar sagrado, "El eco de la gracia", José se presentó como un líder religioso de gran oratoria, pero también como un ser humano con sus propias máscaras y contradicciones. mi historia de corbata se entrelazaba con la historia de José, y juntos desentrañaríamos los secretos oscuros de la moralidad y la redención.

De pronto, un silencio expectante se apoderó del lugar sagrado mientras José se preparaba para su sermón más imponente hasta ahora. Los ojos de la congregación se fijaron en él, ansiosos por escuchar las palabras que fluirían de sus labios y resonarían en sus almas sedientas de esperanza y guía espiritual.

Con una mirada penetrante, José comenzó a hablar con una voz que retumbaba en cada rincón del recinto. Sus palabras eran como una ráfaga de viento, agitando las emociones y sacudiendo las conciencias. La pasión ardía en sus ojos, mientras su figura imponente se alzaba sobre el púlpito, emanando una energía magnética que envolvía a todos los presentes.

"Queridos hermanos y hermanas, hemos llegado a un punto crucial en nuestras vidas. Enfrentamos una encrucijada moral, donde las sombras de nuestras debilidades y errores amenazan con consumirnos. Pero yo les digo, no teman a la oscuridad que habita en ustedes", declaró José, su voz vibrante con convicción y determinación.

Las palabras de José resonaron en lo más profundo de los corazones de la congregación. Mientras escuchaban, podían sentir cómo sus almas se estremecían y sus conciencias se despertaban ante la llamada del líder religioso. Él continuó su sermón, destapando las máscaras que cada uno llevaba consigo y exponiendo las verdades incómodas que se ocultaban en las sombras de sus vidas.

"La moralidad no es un camino fácil, queridos hermanos. Requiere coraje para confrontar nuestras propias imperfecciones y enfrentar la verdad desnuda de nuestras acciones. Pero solo a través de esa confrontación podemos liberarnos de las cadenas que nos atan y ascender hacia la verdadera redención", proclamó José, su voz llenando el espacio con una mezcla de autoridad y compasión.

Mientras las palabras de José se desvanecían en el aire, dejando un eco profundo en la mente y el corazón de la congregación, la corbata, como narrador silencioso, absorbía cada fragmento de emoción y cada palabra resonante. Era testigo de la poderosa conexión que se establecía entre José y aquellos que le escuchaban, una conexión que trascendía las limitaciones del lenguaje y se adentraba en el terreno de lo espiritual.

Y así, en aquel momento trascendental, José se reveló como un líder religioso que desafiaba las convenciones y mostraba la complejidad de la moralidad humana. A través de su imponente sermón, invitaba a la congregación a mirar en lo más profundo de sus almas, a enfrentar sus propias contradicciones y a buscar la redención en un mundo turbio y enmascarado.

❯◦❮

Desde el momento en que conocí a José, el líder religioso, supe que mi destino sería tejer una historia intrigante y reveladora. Fui elegida para envolver su cuello con mi elegancia y ser testigo de los secretos que develaría su seductora tela. Pero mi verdadera misión trascendería el simple adorno, pues me convertiría en el hilo conductor de un encuentro inesperado entre José y Paula.

Paula, una joven de tan solo 19 años, destacaba entre la congregación por su tez blanca como la nieve y unos ojos grandes y penetrantes. Desde el instante en que sus miradas se cruzaron, una chispa especial surgió en el aire, como si el destino hubiera conspirado para unirlos en un propósito superior. Era evidente que había una conexión profunda entre ellos, una atracción magnética que desafiaba las barreras del tiempo y del juicio.

Cuando la reunión en "El eco de la gracia" llegó a su fin, José y Paula no podían resistirse a la atracción que los consumía. No podían quedarse con las preguntas sin respuesta que atormentaban sus mentes inquietas. Así, decidieron romper las barreras de lo establecido y adentrarse en un territorio desconocido, donde las verdades ocultas y las pasiones prohibidas se entrelazaban en una danza peligrosa.

La noche les dio cobijo y privacidad mientras caminaban juntos, susurros y risas nerviosas escapaban de sus labios. No podían negar la fascinación que sentían el uno por el otro. Era como si sus almas se reconocieran en la oscuridad de la noche, liberándose de las cadenas impuestas por la sociedad y explorando las profundidades de sus anhelos y deseos.

El eco de sus pasos resonaba en las calles silenciosas, mientras las preguntas florecían en sus corazones. Paula, con su valentía juvenil, se atrevió a expresar sus inquietudes más íntimas a José. Cuestionaba las reglas impuestas por la moralidad establecida, desafiaba las enseñanzas convencionales y exploraba los límites de su propia existencia. José, con su elocuencia y sabiduría, respondía con palabras que resonaban en lo más profundo de su ser, invitándola a explorar los abismos de su propia naturaleza.

Y así, en esa noche mágica, los muros que separaban a José y Paula se desmoronaron. La corbata que me abrazaba el cuello vibraba con la energía de su encuentro, absorbía la intensidad de sus palabras y emociones. Era testigo del nacimiento de un amor prohibido y la lucha interna que se desataba en sus almas, entre el deseo y la moralidad, entre el deber y la pasión.

La historia que se tejía en torno a mí, la corbata de José era un relato de valentía y redención, de cuestionamientos y descubrimientos. En cada nudo y pliegue, en cada suspiro y mirada furtiva, se forjaba una conexión que trascendía las normas establecidas y los prejuicios sociales. José y Paula se sumergían en las profundidades de su propia humanidad, explorando sus propias debilidades y contradicciones, enfrentando el lado oscuro que yacía en su interior.

A medida que avanzaban en su viaje, la corbata seguía siendo una fiel confidente, llevando consigo las historias compartidas, las confesiones íntimas y el peso de la moralidad en constante cuestionamiento. Su tela se volvía más que un simple accesorio, era un símbolo tangible de las vicisitudes del destino y los hilos invisibles que unían las vidas de José y Paula.

Y así, bajo la mirada atenta de la corbata, José y Paula se aventuraron en un territorio desconocido, donde la moralidad y la pasión chocaban en una danza peligrosa. Sus vidas se entrelazaban en un juego de sombras y luces, donde la verdad y la redención parecían elusivas, pero su búsqueda incansable les impulsaba a desafiar las convenciones y encontrar el significado más profundo de sus existencias.

⟿◉⟻

Fue en el amanecer de un nuevo día cuando José despertó sobresaltado, su mente invadida por la tormenta de la conciencia. Las palabras de la joven Paula resonaban en su interior, alimentando la semilla del deseo prohibido. Pero también había despertado otro sentimiento en su interior: el peso de la moralidad y las cadenas de la responsabilidad.

La corbata, fiel testigo de sus pensamientos más oscuros, sentía cómo la angustia se enredaba en su tejido. José se encontraba en un cruce de caminos, dividido entre la pasión y el deber, entre el anhelo y la renuncia. Sabía que el sendero que se abría hacia Paula estaba lleno de peligros y consecuencias impredecibles.

La lucha interna de José se intensificaba a medida que los días pasaban. La corbata, en su posición privilegiada, absorbía los susurros de su conciencia atormentada. Cada nudo que se anudaba en mí, cada ajuste que se hacía en su cuello, era una representación tangible de su dilema moral.

Las noches se volvieron aún más solitarias para José. En la oscuridad de su habitación, se encontraba cara a cara con sus propios demonios. La tentación de seguir el llamado de la pasión era fuerte, pero la voz de la moralidad resonaba con igual intensidad. Sus creencias religiosas se entrelazaban con las normas sociales, construyendo una red de responsabilidades y expectativas que lo aprisionaba.

La corbata, testigo silencioso de su agonía, absorbió las lágrimas y los suspiros que escapaban de José. La tela, impregnada de sus emociones, se volvía más pesada con cada conflicto moral que se libraba en su interior. Era como si la propia corbata compartiera su tormento, sintiendo en su tejido el dilema de un líder religioso atrapado entre el deber y los deseos del corazón.

Y así, la historia que se entrelazaba en torno a mí, se volvía aún más compleja. No solo era un adorno elegante y simbólico, sino también un catalizador de las luchas internas y los dilemas morales que atormentaban a su poseedor. José se encontraba en un punto de quiebre, donde la elección que hiciera determinaría el curso de su vida y su relación con la joven Paula.

El destino aguardaba con ansias la resolución de este conflicto. ¿Sería José capaz de resistir la tentación y mantenerse fiel a sus creencias? ¿O sucumbiría a la pasión y enfrentaría las consecuencias de sus acciones? La corbata, con su nudo apretado y su tela inmutable, esperaba ansiosamente las decisiones que José tomaría y el impacto que tendrían en su moralidad y en la historia que se tejía a su alrededor.

Las preguntas se agolpaban en la mente de José, como inquietantes fantasmas que se resistían a desvanecerse. Cada una de ellas, como un eco persistente, lo obligaba a cuestionar sus propias obligaciones eclesiásticas y a poner en tela de juicio su papel como líder religioso.

La corbata, en su posición privilegiada alrededor de su cuello, podía sentir las convulsiones de su pensamiento, el constante estremecerse de sus dudas. Era como si los hilos de la tela se entrelazaran con las incertidumbres de su alma, formando un tejido de angustia y conflicto moral.

"¿Qué es la moralidad?" se preguntaba José, mientras la corbata se tensaba ligeramente bajo su agarre. Las palabras flotaban en el aire, desvaneciéndose antes de encontrar una respuesta satisfactoria. ¿Cómo podía él, un simple hombre, comprender y abrazar la moralidad en su totalidad?

"¿Es mi deber seguir las normas establecidas o escuchar los latidos de mi propio corazón?" La corbata sentía cómo José se aferraba a ella, buscando consuelo y dirección en un mundo lleno de contradicciones. ¿Podía renunciar a sus deseos más profundos en aras de un deber impuesto desde afuera?

"¿Qué hay de la verdad y la autenticidad?" La corbata, con su anudado apretado, parecía retorcerse ante esta pregunta. ¿Era posible ser un líder religioso auténtico sin permitirse vivir plenamente, sin explorar las facetas más humanas de su existencia?

Las preguntas se multiplicaban, formando una espiral incesante en la mente de José. Cada una de ellas, como un eco insistente, lo instaba a dejar a un lado sus obligaciones eclesiásticas y a buscar la verdad dentro de sí mismo. Pero el peso de la responsabilidad lo atormentaba, haciéndole dudar en cada segundo.

La corbata, mientras tanto, seguía siendo un testigo mudo de su tormento. Sus fibras, tensas y enredadas, reflejaban la confusión y la lucha interna de José. Era como si la propia corbata se debatiera entre ser una herramienta de elegancia y distinción, o un símbolo de la opresión que lo alejaba de su verdadera esencia.

La corbata, testigo silencioso de los acontecimientos, vio cómo José cruzaba unas miradas intensas con Paula durante una de las reuniones en la comunidad del Eco de la Gracia. Un destello fugaz, un encuentro de miradas que traspasó el tiempo y el espacio, como si en ese instante se hubieran reconocido en lo más profundo de sus almas.

El sermón del "Conductor de Esencias", como se le conocía a José, resonó en los corazones de los presentes. Con una voz serena y persuasiva, pronunció palabras que encendieron la llama de la esperanza y la redención en los corazones de aquellos que lo escuchaban.

"Queridos hermanos y hermanas", comenzó José, su mirada fija en la congregación. "En nuestras vidas, todos hemos sido marcados por nuestras debilidades y pecados. Somos seres imperfectos en busca de la luz y la salvación. Pero no debemos temer a nuestros errores, sino aprender de ellos y encontrar en ellos el camino hacia nuestra transformación".

La corbata, apretada en el cuello de José, sintió cómo las palabras fluyeron con elegancia y fervor. Su tejido se agitaba ligeramente, como si las emociones del líder religioso se transmitieran a través de ella.

"La moralidad no reside únicamente en la rigidez de las normas y los dogmas, sino en la autenticidad de nuestros actos", continuó José, sus ojos brillaron con pasión. "Es en la conexión profunda con nuestras esencias más puras donde encontramos la verdadera moralidad. No temamos mostrarnos vulnerables, reconocer nuestras debilidades y, a través de ellas, crecer y evolucionar como seres humanos".

La congregación escuchaba en silencio, absorbida por las palabras del "Conductor de Esencias". Paula, con sus ojos grandes y llenos de curiosidad, se encontraba entre los asistentes, su mirada fija en José. Había algo magnético en su relación, una atracción inexplicable que trascendía las barreras convencionales.

Después del sermón, José se mezcló entre los miembros de la comunidad, compartiendo palabras de aliento, abrazos y sonrisas sinceras. La corbata, en cada interacción, percibía la dualidad en la personalidad de José: el líder religioso elocuente y carismático, pero también el hombre atormentado por sus propias contradicciones.

José irradiaba un aura de compasión y sabiduría, pero en su intimidad, la corbata percibía la lucha constante entre sus responsabilidades como líder y sus deseos personales. Era como si llevara consigo una máscara que ocultaba sus anhelos más profundos.

Al día siguiente, en el susurro de las sombras, José y Paula se encontraron en un rincón apartado del Eco de la Gracia. Era como si el universo conspirara en su favor, trazando un encuentro fugaz y clandestino entre ambos.

Sus cuerpos se aproximaron lentamente, como dos imanes que se atraen con fuerza irresistible. Fue un acercamiento apenas perceptible, como el roce de dos alas en la oscuridad de la noche, un destello efímero de pasión contenida.

La metáfora se devela en el suave contacto de sus manos, un breve roce de palmas que transmitía más que mil palabras. Fue como la delicada brisa acariciando la superficie de un lago tranquilo, creando ondas sutiles pero llenas de significado.

En ese instante, el tiempo se detuvo y el mundo desapareció a su alrededor. El espacio se redujo a un punto diminuto donde solo existían ellos dos, enlazados en un instante de complicidad y deseo.

Pero como una mariposa que apenas posa sus alas en una flor antes de alzar el vuelo, su cercanía fue efímera. Sabían que debían volver a sus respectivos roles, a sus obligaciones y responsabilidades.

Fue un encuentro fugaz, tan breve como el parpadeo de una estrella en la vastedad del cielo. Pero dejó una huella imborrable en sus corazones, una llama ardiente que desafiaba las convenciones y desvelaba los secretos más íntimos de sus almas.

La corbata, cercana a José en ese instante, presenció el encuentro con discreción y devoción. Su tejido suave y elegante atrapó la esencia de ese momento efímero, llevando consigo la memoria del roce y el deseo compartido.

Desde entonces, la corbata se convirtió en testigo silente de sus encuentros y desencuentros, atada a la historia de José y Paula, como un lazo invisible que los unía en la trama de la moralidad y los deseos inconfesables.

En medio del crepúsculo dorado, Paula, cual sirena tentadora, extendió una invitación a José para sumergirse en las profundidades desconocidas de su morada secreta. Era como una llamada de la libertad, un susurro envenenado que desafiaba las convenciones y prometía un éxtasis prohibido.

La invitación, escrita con tinta carmesí sobre un pergamino antiguo, llegó a las manos de José como un mensaje cifrado de pasión y deseo. En ella, Paula develaba el misterio de una casa oculta entre las sombras, resguardada por la complicidad de un familiar lejano.

El lugar, un refugio encantado en medio del bullicio mundano, sería el escenario de un encuentro clandestino donde las pulsiones y los anhelos se desatarían sin inhibiciones. En sus muros de piedra y susurros en las cortinas, se ocultaba un aura de intimidad y provocación que avivaba los sentidos.

El camino hacia aquella morada se desplegaba como un laberinto de tentaciones, donde los pasos de José resonaban como latidos acelerados. Cada rincón era un desafío a su moralidad, una invitación irresistible a adentrarse en los dominios del pecado y el desenfreno.

Al abrir las puertas de aquel hogar clandestino, José se encontró con un escenario de ensueño, donde los velos de la decencia caían para revelar una atmósfera cargada de pasión y complicidad. En cada esquina, se alzaban estatuas susurrantes y cuadros encantados que presenciaban el encuentro con cómplices ojos.

El aire estaba impregnado de perfumes exóticos y susurros embriagadores, mientras las llamas danzantes de las velas destilaban una luz titilante sobre sus cuerpos entrelazados. Era como un juego de sombras y reflejos, donde las máscaras caían y las almas se desnudaban en busca de la plenitud.

En ese espacio íntimo, las palabras perdían su fuerza y los cuerpos hablaban un lenguaje propio, sin barreras ni prejuicios. Cada caricia, cada gemido, era un verso inmortal grabado en el libro de sus deseos más oscuros.

Y así, en la casa del éxtasis y la clandestinidad, José y Paula se entregaron al frenesí de la pasión sin límites. Como dos almas enredadas en un abrazo inmortal, se perdieron en un torbellino de sensaciones que los elevó más allá de las fronteras de la moralidad y el deber.

La corbata, testigo silencioso de aquella danza ardiente, se enredó en sus cuerpos entrelazados, como un lazo inseparable que simbolizaba su conexión prohibida. Su tejido suave y elegante atesoró los suspiros y los susurros, llevando consigo el eco de ese encuentro donde la moralidad se desvanecía y los deseos se consumían sin remordimiento.

Aquel encuentro en la casa privada marcó un punto de quiebre en la historia de José y Paula, sumiéndolos en un abismo de pasiones encontradas y dilemas morales sin respuesta. La corbata, símbolo de su unión clandestina, permanecía como un lazo invisible que los ataba en un juego peligroso de tentación y arrepentimiento.

Y así, entre el vaivén de cuerpos y el susurro de promesas incumplidas, la noche se desvaneció en un mar de placeres y secretos inconfesables.

La corbata yacía desenredada en el suelo, testigo silencioso de aquel encuentro pasional que ahora dejaba un amargo regusto en el alma de José. Como un observador inanimado, capturó las escenas efímeras y los gemidos sofocados, guardando en sus pliegues los suspiros y susurros de una pasión desenfrenada.

Pero ahora, abandonada y despreciada, la corbata era testigo de otro espectáculo: el remordimiento que se apoderaba de José. Sus hilos finos y elegantes se convertían en cadenas invisibles que lo aprisionaban en un abismo de culpa y arrepentimiento.

Desde su posición en el suelo, la corbata observaba cómo José se enfrentaba a su propia debilidad moral. El espejo de su conciencia reflejaba su rostro demacrado, donde los ojos cansados eran espejos de un alma atormentada.

Se aferraba a la corbata en busca de consuelo, buscando respuestas en sus pliegues desordenados. Pero solo encontraba la frialdad del tejido, incapaz de ofrecer alivio a su tormento interno.

José sabía que había transgredido los límites, que había dejado atrás su posición de líder religioso y se había sumergido en una pasión prohibida. La diferencia de edades, como una brecha insalvable, se manifestaba como un recordatorio constante de su falta de juicio.

La corbata, como una voz en el silencio, le recordaba las palabras no pronunciadas, los deseos reprimidos y las promesas rotas. Cada pliegue era un eco de su propia debilidad, una confesión silenciosa que resonaba en el aire.

Y así, la corbata permanecía en el suelo, como un símbolo caído de la moralidad perdida. Su elegancia y distinción habían sido mancilladas por los impulsos desenfrenados de José. Ya no era solo un accesorio de apariencia, sino un testigo mudo de su caída moral.

El remordimiento se apoderaba de José, erosionando su ser como un río impetuoso. Sentía el peso de sus acciones sobre sus hombros, como si llevara la corbata como un grillete invisible.

Y en medio de su angustia, la corbata permanecía en el suelo, inerte pero cargada de significado. Como un símbolo de sus errores y debilidades, se convertía en un recordatorio constante de las decisiones que habían llevado a esa situación.

José se erguía en el púlpito, su mirada abarcaba cada rincón de la congregación. Su corazón latía con fuerza, pues allí, en la parte final del lugar, se encontraba Paula, su pecado encarnado, su remordimiento viviente. La corbata, todavía en su lugar como un observador silencioso, veía cómo los ojos de José se encontraban con los de ella, un encuentro lleno de pesar y anhelo.

La culpa amenazaba con desgarrar el ser de José, pero su deber como líder religioso le obligaba a seguir adelante. Tomó aire y comenzó su sermón, cada palabra resonaba en el aire, pero sus pensamientos eran arrastrados por la corriente de la culpa.

La corbata, como un narrador implacable, capturaba las emociones en su tejido. Veía cómo José luchaba internamente, tratando de mantener su compostura y de ignorar la tormenta que se desataba en su interior. Cada gesto, cada pausa, era un intento desesperado de ocultar el remordimiento que le embargaba.

Mientras José hablaba, su mirada se desviaba de vez en cuando hacia Paula, quien permanecía en silencio, pero su presencia era un recordatorio constante de su transgresión. La corbata notaba cómo la angustia se dibujaba en el rostro de José, cómo su voz temblaba ligeramente en ciertas palabras, como si cada frase pronunciada fuese un recordatorio de su falta de integridad.

A pesar de la culpa que amenazaba con consumirlo, José continuaba con su sermón, entregando sus enseñanzas a la congregación. La corbata veía cómo luchaba por mantener la compostura, cómo su voz resonaba con fuerza y convicción, aunque en lo más profundo de su ser, se debatía entre el arrepentimiento y la responsabilidad.

La corbata, testigo silencioso de la dualidad que atormentaba a José, conocía la verdadera batalla que se libraba dentro de él. Veía cómo su conciencia se dividía entre la atracción prohibida y la convicción moral, cómo luchaba por separar sus deseos personales de su deber como líder espiritual.

Y así, la corbata seguía allí, en su posición en el cuello de José, mientras la culpa danzaba en el aire y los pensamientos turbios lo asediaban. Era como si cada nudo de la corbata fuera un símbolo de los nudos emocionales que ataban a José, impidiéndole liberarse de su propio tormento.

La corbata narraba en silencio, capturando las sombras y los destellos de José, revelando su lucha interna y su determinación por seguir adelante a pesar de la culpa que le consumía. Era un testimonio mudo de la fragilidad de la moralidad humana y de la constante batalla entre los deseos personales y las responsabilidades impuestas.

Y mientras José concluía su sermón, la corbata permanecía en su lugar, un espectador callado que había presenciado su dilema moral. Seguía allí, sin poder ofrecer consuelo ni absolución, pero portando la carga de su confesión silenciosa.

En un día de enseñanza en la congregación, José se encontraba frente a sus seguidores, compartiendo las palabras sagradas con devoción y compromiso. La corbata, fiel compañera de José, estaba anudada en su cuello, atenta a cada movimiento y gesto del líder religioso.

Mientras pronunciaba las enseñanzas, José notó la presencia de Paula entre los asistentes. Sus ojos se encontraron por un instante, desafiando las barreras invisibles que les separaban. En ese fugaz intercambio de miradas, se desató un torrente de emociones, una conexión intensa y prohibida que solo ellos comprendían.

Pero alguien más, atento a los detalles, pudo captar aquel intercambio de miradas cargadas de pasión. Un miembro de la congregación, cuyos ojos penetrantes todo lo observaban, notó la tensión en el aire, la electricidad entre José y Paula. Sin embargo, guardó silencio, consciente de los secretos que se ocultaban bajo aquella mirada.

La corbata, como un narrador silente, presenció aquel instante en el que el secreto de José y Paula amenazaba con ser revelado. Sus hilos de seda vibraban con la intensidad del encuentro visual, capturando el deseo y la culpabilidad que se entrelazaban en el corazón de José.

José, a pesar de sentir el peso del escrutinio, continuó con su enseñanza, ocultando sus emociones bajo un velo de aparente calma. Sus palabras fluían con destreza, pero en lo más profundo de su ser, la pasión por Paula amenazaba con desbordarse, como un torrente impetuoso que buscaba liberarse de su cautiverio.

La corbata, envuelta en su elegancia, simbolizaba la dualidad que habitaba en José. Era el nudo que apretaba su cuello, recordándole su deber y su compromiso con la moralidad. Pero también era el lazo que unía sus deseos más oscuros con la realidad tangible.

Y así, entre miradas furtivas y palabras cuidadosamente seleccionadas, José y Paula continuaron su danza secreta en medio de la congregación. La corbata, en su posición privilegiada, presenciaba los destellos de pasión que amenazaban con desbordarse, aunque nadie más parecía darse cuenta de la verdad que se ocultaba tras aquellas miradas.

En ese momento, la corbata se convertía en el testigo mudo de un amor prohibido, de un fuego ardiente que consumía a José y Paula. Y aunque las miradas cruzadas eran suficientes para encender la llama de la pasión, también eran un recordatorio constante de los riesgos y las consecuencias que se avecinaban.

La corbata, con su tejido elegante y sus pliegues ordenados, guardaba los secretos de José y Paula, sin poder ofrecer consuelo ni resolver los dilemas morales que les acechaban. Continuaba su función como mero espectador de aquellos destinos entrelazados, consciente de que el silencio y la discreción eran la única protección que podía ofrecer.

En su enseñanza elocuente, José utilizó versículos cuidadosamente seleccionados para transmitir la fragilidad humana y la tendencia al pecado, todo ello de manera sutil y metafórica. A continuación, se presentan algunos ejemplos de los versículos utilizados por José:

"Como hojas secas que el viento arrastra, así es la naturaleza del hombre, sujeta a los caprichos del mundo y a las tentaciones que lo rodean." (Salmo 1:4)

En este versículo, José comparó la condición humana con hojas secas que son llevadas por el viento, haciendo hincapié en la fragilidad del ser humano y su propensión a dejarse llevar por los deseos y las influencias externas.

"El corazón del hombre es un laberinto de sombras, donde las pasiones ocultas se ocultan tras una máscara de virtud. Pero cuidado, pues las sombras siempre encuentran la forma de escapar y revelar su verdadero rostro." (Proverbios 28:26)

Mediante este símil, José destacó la complejidad del corazón humano y su capacidad para ocultar sus verdaderas intenciones. Advirtió sobre la necesidad de ser conscientes de las sombras internas que pueden desencadenar acciones pecaminosas si no se les presta atención y se les enfrenta con honestidad.

"Como el fuego que arde en lo más profundo de la oscuridad, así es la tentación que acecha al hombre, consumiendo su razón y seduciéndolo hacia el abismo del pecado." (1 Pedro 5:8)

Este versículo evocó la imagen del fuego como símbolo de la tentación y el peligro que acechan al ser humano. José advirtió sobre la poderosa atracción de las tentaciones y la necesidad de mantenerse alerta para no dejarse arrastrar por ellas.

"El camino hacia la redención es estrecho y tortuoso, lleno de obstáculos y desvíos. No permitamos que nuestras propias debilidades y pasiones nos desvíen de la senda de la virtud y la pureza." (Mateo 7:14)

Con esta metáfora del camino estrecho y tortuoso, José transmitió la idea de que alcanzar la redención y la virtud requiere esfuerzo y constancia. Advertía sobre la necesidad de ser consciente de las propias debilidades y no permitir que estas desvíen del camino correcto.

A través de estas metáforas y versículos, José invitaba a la reflexión y la autorreflexión, instando a sus seguidores a reconocer la fragilidad humana y a ser conscientes de las tentaciones que acechan en cada esquina. Su enseñanza elocuente dejaba entrever la lucha interna y los dilemas morales que también enfrentaba en su vida personal.

Por la noche, José se sumergía en un mundo de pesadillas que reforzaban su condición de culpabilidad. En sueños turbios y oscuros, se enfrentaba a las sombras de sus acciones, recordatorios vívidos de que no podía justificar lo que había hecho.

En sus pesadillas, veía cómo sus manos se volvían pesadas e incontrolables, como si estuvieran atadas a sus pecados. Intentaba soltarlas, liberarse de la carga de su culpa, pero no importaba cuánto lo intentara, sus manos seguían aferradas a los secretos oscuros que había compartido con Paula.

Las imágenes se entremezclaban en su mente, distorsionadas y aterradoras. Se veía a sí mismo enredado en una maraña de mentiras y engaños, incapaz de encontrar una salida. Cada paso que daba en busca de redención se convertía en un laberinto sin fin, donde la penumbra lo envolvía y lo alejaba de la luz.

José despertaba sudoroso y agitado, su corazón latiendo con fuerza. La oscuridad de la habitación parecía reproducir las sombras de sus sueños, recordándole que no podía escapar de su propia conciencia.

La corbata, siempre presente en sus noches de inquietud, también era testigo de sus pesadillas. Aunque inerte en el perchero, parecía palpitar con la angustia y el tormento de José. Era como si absorbiera las vibraciones de sus sueños turbios y los guardara en su tejido, un eco silente de sus miedos y remordimientos.

José sabía que sus pesadillas eran un recordatorio constante de que las acciones cometidas no podían ser dejadas atrás tan fácilmente. Se enfrentaba a la realidad de que el pasado no podía ser borrado y que sus actos tenían consecuencias que debía afrontar.

Entre suspiros agitados, José se levantaba de la cama, sintiendo el peso de su conciencia sobre sus hombros. Buscaba la serenidad en la quietud de la noche, tratando de encontrar la redención en la oscuridad que lo rodeaba.

La corbata, desde su lugar en el perchero, observaba a José mientras luchaba con sus demonios internos. Era un testigo silencioso de sus noches de tormento, incapaz de ofrecer consuelo pero presente como una constante recordatorio de su propia fragilidad.

Y así, en esas noches de pesadillas y remordimientos, José se enfrentaba a la dualidad de su existencia, atrapado entre mente y manos, sin poder soltar el peso de sus acciones. Su camino hacia la redención se volvía más arduo, y la corbata continuaba siendo un testigo silencioso de su lucha interna.

Pasaron varios días desde aquellas noches tormentosas, y la vida en la comunidad "Eco de la Gracia" parecía haber retomado su rutina habitual. José continuaba con sus enseñanzas, y los feligreses acudían a escuchar sus palabras con devoción. Sin embargo, algo faltaba en aquel escenario familiar.

Paula, la congregante con la que José había compartido momentos de pasión y tormento, dejó de asistir a las reuniones. Su ausencia se hizo notable, como un vacío que se expandía por el lugar. Los ojos de José, antes iluminados por la conexión que compartían, se tornaron tristes por unos instantes.

La corbata, testigo de la dinámica de la comunidad y de los sentimientos de José, notaba cómo su presencia se volvía añorada. La congregación continuaba su rutina, pero los pensamientos de José divagaban hacia el recuerdo de Paula. La ausencia de su mirada y su voz dejaban un eco en su corazón, recordándole los momentos compartidos y la pasión que los unía.

José se preguntaba qué habría sucedido con Paula. ¿Habría decidido alejarse para evitar caer en la tentación de aquel amor prohibido? ¿O acaso había sido descubierta y forzada a abandonar la comunidad? Las incertidumbres le inquietaban, y su tristeza se manifestaba en cada palabra pronunciada durante sus enseñanzas.

La corbata, consciente de los pensamientos de José, parecía apretarse sutilmente en su cuello, como si compartiera su angustia. Era un recordatorio constante de las consecuencias de sus actos, de cómo la pasión y el pecado podían separar a las almas unidas por un fugaz encuentro.

A medida que los días transcurrían sin noticias de Paula, José se veía obligado a enterrar sus sentimientos y centrarse en su papel como líder religioso. A pesar de su tristeza y añoranza, continuaba con sus sermones, esforzándose por transmitir sabiduría y consuelo a la congregación.

Sin embargo, en lo más profundo de su ser, José no podía evitar preguntarse si la partida de Paula era un castigo divino por sus acciones pasadas. La sombra de la culpa se cernía sobre él, recordándole que no podía escapar de los lazos que había tejido en su corazón.

La corbata, fiel a su papel de narrador silente, concebía las emociones de José a través de su contacto con su piel. Era consciente de que la tristeza era solo una de las muchas facetas de su existencia, una muestra de la complejidad de los dilemas morales y las luchas internas.

Y así, en medio de la comunidad que seguía su curso aparentemente inalterado, José y la corbata compartían la carga de los secretos, los remordimientos y las ausencias. Continuaban su camino, con la esperanza de que algún día encontrarían la redención y la paz que tanto anhelaban.

Pasaron varios meses desde la partida de Paula, y la comunidad "Eco de la Gracia" seguía su curso normal. José había logrado encontrar cierta calma en medio de su tristeza y había retomado su labor como líder religioso con renovado compromiso. Sin embargo, un día todo cambiaría con la llegada de una nueva joven a la congregación.

Una congregante, con una sonrisa en el rostro y un brillo de expectación en los ojos, llevaba de la mano a una joven llamada Dana. La joven parecía irradiar una luz especial, como si fuera un salmo de la Biblia hecho realidad. Su cabello dorado brillaba bajo los rayos del sol, y sus ojos resplandecían con una sabiduría más allá de sus años.

Cuando la congregante presentó a Dana a José, algo en el corazón del líder religioso se estremeció. Era como si una chispa divina hubiera despertado en su interior, recordándole que siempre hay una nueva oportunidad para el amor y la conexión espiritual.

Dana emanaba una pureza y una serenidad que recordaban a los salmos más reconfortantes de la Biblia. Su voz era suave como una plegaria y sus palabras transmitían una sabiduría más allá de su corta edad. José no pudo evitar sentirse atraído por la inocencia y la gracia que la rodeaban.

La corbata, testigo fiel de aquel encuentro, parecía vibrar con emoción. A medida que José y Dana interactuaban, la corbata, como un lazo invisible, parecía unir sus destinos y despertar nuevas posibilidades en el corazón de José. Era como si el pasado se desvaneciera frente a la promesa de un futuro lleno de esperanza.

A través de sus enseñanzas, José encontró en Dana una musa inspiradora, un canal de luz divina que lo guiaba en su misión espiritual. Cada palabra pronunciada por ella parecía un verso de consuelo y renovación, tocando los corazones de los fieles y llevándolos hacia una conexión más profunda con lo divino.

Aunque José había encontrado un nuevo aliento en la presencia de Dana, nunca olvidó a Paula. Su recuerdo y la carga de su pecado seguían presentes en su ser, recordándole la fragilidad de la condición humana y la necesidad de redención. Pero en el resplandor de la relación con Dana, encontró un destello de esperanza y una oportunidad para sanar sus heridas más profundas.

La corbata, como observadora silenciosa, percibía el cambio en José. Sus pliegues se alisaban y su tejido parecía más radiante, como si estuviera impregnado de la luz divina que emanaba de Dana. Era como si la corbata se hubiera convertido en un símbolo tangible de la transformación y el renacimiento que José experimentaba en su interior.

Un día, no muy tarde después de su encuentro inicial en la congregación, José sintió un impulso repentino y valiente dentro de sí. Se decidió a invitar a Dana a salir y compartir un café en un lugar tranquilo.

Con su corazón latiendo rápidamente, José se acercó a Dana y, con una sonrisa tímida en su rostro, le hizo la invitación. Dana aceptó con una expresión serena y asentimiento suave, como si supiera que aquel momento era una parte más del plan divino.

Se encontraron en una pequeña cafetería, donde el aroma del café recién hecho se mezclaba con la calidez del ambiente. José y Dana se sentaron frente a frente, dejando que la conversación fluyera naturalmente entre ellos.

Mientras compartían sus pensamientos, sueños y experiencias, José descubrió que Dana era un ser profundamente compasivo y sabio. Sus palabras eran como un bálsamo para su alma atormentada, reconfortándolo y recordándole que siempre hay esperanza y renovación.

El café se convirtió en el telón de fondo de su encuentro, un testigo tranquilo de la conexión que se estaba forjando entre ellos. En cada sorbo, parecían beber la esencia del amor y la comprensión mutua, creando un vínculo que iba más allá de las palabras y las miradas.

José compartió con Dana sus luchas internas, sus remordimientos y sus deseos de redención. Dana, a su vez, brindó palabras de aliento y apoyo, recordándole que todos somos seres humanos imperfectos y que el perdón y la transformación son posibles.

La corbata, como un confidente reposado, permanecía atada al cuello de José, observando la escena con atención. Sentía la tensión emocional que se desvanecía y se convertía en un lazo de confianza y esperanza. Era como si la corbata misma estuviera tejida con hilos de renovación y segundas oportunidades.

Después de su encuentro en el café, José y Dana continuaron compartiendo momentos especiales juntos. A medida que su relación se fortalecía, también crecía su comprensión de la fragilidad y la belleza de la condición humana.

La corbata, como un recordatorio constante de la historia que había presenciado, guardaba en su tejido el amor y la redención que José encontraba en la compañía de Dana. Era un símbolo tangible de la capacidad del ser humano para cambiar, crecer y encontrar la paz interior.

Y así, entre sorbos de café y palabras llenas de significado, José y Dana exploraron juntos los caminos de la moralidad y la redención. La corbata, como un testigo enmudecido pero presente, continuaba su narración de esta historia llena de altibajos, pero también de esperanza y posibilidades infinitas.

En medio de la aparente normalidad de aquel encuentro, José sintió cómo algo oscuro y perverso se adentraba en su ser. Un lado oculto y desconocido de sí mismo comenzó a emerger, llenando su mente de pensamientos perturbadores.

Sin embargo, decidido a enfrentar sus demonios internos, José tomó la mano de Dana y se acercó a su oído. Con una voz temblorosa, le hizo una petición privada, una solicitud que solo ellos dos conocían.

Dana, sorprendida por la inesperada petición, se quedó en silencio. Su mirada reflejaba la confusión y la cautela ante la repentina revelación del lado oscuro de José. En aquel momento, el mundo pareció detenerse, y el silencio se convirtió en testigo de la tensión que se había generado entre ellos.

La corbata, fiel compañera de José, también sintió la inquietud que se apoderaba de su dueño. Su tejido pareció tensarse sutilmente, como si también hubiera percibido la aparición de aquel lado malévolo que yacía en lo más profundo de José.

Entre el silencio y la incertidumbre, José y Dana se miraron a los ojos. En ese momento, el tiempo pareció detenerse mientras luchaban por comprender el significado y las implicaciones de aquella petición privada.

El lado oscuro de José y su lucha interna se entrelazaron con la inocencia y la sabiduría de Dana. La tensión en el aire era palpable, como si el destino mismo estuviera en juego.

La corbata, como testigo mudo de aquel instante, presenciaba el choque de dos fuerzas opuestas: la sombra que acechaba en el interior de José y la luz que irradiaba de Dana. Era una batalla invisible, una encrucijada moral que definiría el destino de ambos.

En medio de aquel silencio perturbador, José y Dana tomaron conciencia de la complejidad y fragilidad de la moralidad humana. El bien y el mal, la tentación y la redención, se entrelazaban en un dilema moral que ninguno de los dos podía ignorar.

La corbata, como un símbolo de la dualidad y los secretos, observaba desde su lugar en el cuello de José. Sabía que su dueño se encontraba en un momento crucial de su existencia, enfrentándose a sus propios demonios y tomando decisiones que tendrían consecuencias profundas.

En medio de aquel silencio incómodo, José, con voz apenas audible, formuló una petición a Dana que se manifestaba de manera metafórica y difusa. Como si las palabras se desvanecieran en el aire, su solicitud se convirtió en un enigma que solo ellos dos podían descifrar.

Era como si José le pidiera a Dana adentrarse en un laberinto desconocido, en el que las sombras y los demonios esperaban ser descubiertos. La petición era un llamado a explorar la oscuridad que acechaba en lo más profundo de su ser, a desvelar los secretos ocultos que se escondían detrás de su fachada de líder religioso.

Dana, sorprendida por la naturaleza enigmática de la petición, se encontraba ante una encrucijada moral. Sus ojos reflejaban la tentación de aceptar aquel desafío y adentrarse en el laberinto desconocido de José, pero también la prudencia y el temor ante lo que podrían descubrir en ese oscuro recorrido.

La corbata, testigo silente de aquel momento, parecía vibrar con inquietud. Su tejido se enroscaba sutilmente, como si percibiera la complejidad y el peligro que implicaba aquella petición metafórica. Era consciente de que el viaje propuesto podría llevar a José y Dana hacia abismos inexplorados, donde los demonios internos de José podrían quedar expuestos.

El destino de José y Dana quedaba suspendido en aquel instante, como un hilo que conectaba sus corazones y mentes. La decisión de aceptar o rechazar la petición desataría una serie de eventos que podrían conducirlos hacia la redención o sumergirlos en un abismo sin retorno.

En el silencio tenso y cargado de significado, José y Dana se miraron fijamente. En aquel instante, sus almas se entrelazaron en una danza de dudas, miedos y anhelos. Ambos sabían que, al aceptar la petición, se adentrarían en un territorio desconocido, enfrentando sus propias debilidades y los demonios que los acechaban.

Dana, con una mezcla de prudencia y curiosidad, negó la enigmática propuesta de José. Un destello de tentación pasó por sus ojos, como si una chispa de deseo por adentrarse en aquel laberinto oscuro hubiera tocado su ser.

A pesar de su negativa, Dana quedó con un sabor agridulce en su interior, como una pequeña pizca de haber probado lo desconocido. El misterio de aquella petición quedó flotando en el aire, alimentando la intriga y el anhelo por lo que podría haber sido.

Sin embargo, conscientes de los límites y las consecuencias, José y Dana se levantaron juntos de la mesa, tomando sus manos entrelazadas. El contacto de sus dedos era una conexión tangible que trascendía las palabras y los enigmas no resueltos.

En aquel instante, salieron del lugar, caminando lado a lado, envueltos en un silencio que era, a la vez, incómodo y reconfortante. Las sombras de la noche los rodeaban, como testigos silenciosos de la tensión no resuelta entre ellos.

La corbata, todavía anudada al cuello de José, parecía suspirar con alivio ante la decisión tomada. Era consciente de que la elección de Dana, aunque negativa, preservaba la integridad y la moralidad de ambos. Su tejido se relajó sutilmente, como si liberara un suspiro contenido.

El camino que recorrieron juntos, tomados de la mano, estaba lleno de preguntas sin respuesta y de un deseo reprimido. Pero también era un sendero de autoconocimiento y crecimiento, donde la tentación y la negativa se entrelazaban, forjando una historia única y compleja.

José y Dana caminaron en silencio, sabiendo que su encuentro había tomado un giro inesperado, pero también conscientes de que la vida continuaba y que había mucho por descubrir y aprender. El futuro se extendía frente a ellos, lleno de posibilidades y desafíos.

Un día, no muy lejano, José se encontraba cumpliendo con su rutina habitual en el servicio de "El Eco de la Gracia". Parecía llevar una vida aparentemente normal y eclesiástica, como de costumbre. Sin embargo, al final del servicio, sus ojos se posaron en una joven que se encontraba en un rincón, llorando en silencio.

Desde la distancia, José observó a la chica con curiosidad y empatía. Su corazón sintió la necesidad de acercarse y ofrecer consuelo, pero su posición como líder religioso lo obligaba a mantener la compostura y esperar a que el servicio concluyera.

Las lágrimas de la joven parecían ser un reflejo de un dolor profundo y oculto. Era como si su angustia resonara en el aire, creando una atmósfera cargada de emociones contenidas.

José, a pesar de su propia inquietud y curiosidad, esperó pacientemente hasta que el servicio llegó a su fin. Mientras tanto, su mente se llenó de preguntas y suposiciones sobre la situación de la joven. ¿Cuál era su historia? ¿Qué la había llevado a derramar lágrimas silenciosas en aquel lugar sagrado?

La corbata, en su posición privilegiada en el cuello de José, también observaba con atención la escena. Sus pliegues parecían estirarse, como si también sintiera la carga emocional que envolvía aquel momento. La corbata era consciente de que el destino de ambos se entrelazaba una vez más, como hilos invisibles que conectaban sus vidas.

Finalmente, cuando el último acorde musical resonó y los fieles comenzaron a dispersarse, José se acercó lentamente a la joven, cuyo rostro todavía estaba empapado en lágrimas. Con pasos suaves y una mirada compasiva, se acercó a ella y le ofreció su hombro como apoyo.

La joven, entre sollozos y suspiros entrecortados, encontró consuelo en el abrazo silencioso de José. Sus lágrimas se convirtieron en un puente de conexión entre sus almas, rompiendo las barreras de la soledad y el sufrimiento.

En aquel momento, la corbata, con su presencia discreta pero vigilante, parecía vibrar con una mezcla de compasión y esperanza. Era consciente de que aquel encuentro podía ser el comienzo de una transformación tanto para José como para la joven, una oportunidad para sanar y encontrar un propósito renovado.

José y la joven permanecieron abrazados, compartiendo el peso de las lágrimas y las cargas emocionales. El silencio entre ellos era un refugio, un espacio donde las palabras no eran necesarias para entender y apoyarse mutuamente.

Así, en medio del servicio de "El Eco de la Gracia", José y la joven se encontraron en un momento de vulnerabilidad y compasión. Sus vidas se entrelazaron, dejando espacio para el consuelo, la sanación y la posibilidad de un nuevo comienzo.

José, con la intención de brindar consuelo y alentar a la joven que había llorado en el servicio, la invitó a su casa. A medida que entraban en su hogar, la atmósfera se volvía más íntima y cargada de emociones.

Sin querer, la chica tomó la mano de José, como buscando un ancla en aquel momento de vulnerabilidad. El contacto de sus manos era cálido y reconfortante, generando una corriente de conexión que fluía entre ellos.

Sentados juntos en el acogedor sillón de José, la chica, movida por una sensación de cercanía, posó suavemente su mano sobre la pierna de José. Aquel gesto sutil pero significativo creó una oleada de pensamientos y emociones en la mente de José.

En ese instante, José se encontró inmerso en un torbellino de pensamientos contradictorios. Por un lado, su conciencia moral le recordaba su posición como líder religioso y las implicaciones de cualquier tipo de relación íntima. Por otro lado, su lado humano y vulnerable se debatía entre la atracción y la compasión que sentía por la chica.

La corbata, como testigo silente de aquellos momentos cargados de tensión y deseo, parecía estirarse sutilmente, como tratando de mantener su compostura en medio de la tormenta emocional que se desataba en la sala. Era consciente de que aquellos toques y gestos creaban una danza delicada entre la moralidad y el deseo.

En la mente de José, diferentes etapas de pensamiento se entrelazaban. Por un momento, se vio tentado a ceder a sus deseos y dejarse llevar por la pasión. Luego, surgían pensamientos de remordimiento y temor a las consecuencias de sus acciones. La lucha interna entre la moralidad y los deseos carnales era un torbellino incesante.

La chica, ajena a los pensamientos tumultuosos de José, buscaba en su compañía consuelo y apoyo. Su mirada reflejaba una mezcla de vulnerabilidad y anhelo por ser comprendida y aceptada. No había duda de que había una conexión profunda entre ellos, pero el camino a seguir no estaba claro.

En aquel instante, la corbata, anudada al cuello de José, parecía dilatarse ligeramente, como si sintiera la tensión y la confusión en el ambiente. Era un testigo mudo de la lucha interna de José, pero también portador de una sabiduría silenciosa sobre la fragilidad de la naturaleza humana.

José, consciente de la delicada situación, decidió tomar un respiro y apartarse suavemente de la chica. Necesitaba tiempo y espacio para reflexionar sobre sus pensamientos y tomar decisiones fundamentadas en sus principios morales.

Ambos quedaron en silencio, cada uno sumido en sus propios pensamientos y emociones. La corbata, en su lugar alrededor del cuello de José, permanecía en silencio, como si entendiera la complejidad de aquellos momentos y esperara el siguiente capítulo de esta historia inesperada.

Pasando algún tiempo, la vida en la comunidad del "Eco de la Gracia" seguía su curso aparentemente normal. Los fieles asistían a los servicios, escuchaban los sermones de José y compartían momentos de fe y reflexión. Sin embargo, un día, la tranquilidad se vio alterada cuando una pareja angustiada entró por la puerta del lugar.

Efraín y Silvina, con rostros cargados de preocupación, fueron recibidos por José, quien les dio la bienvenida con calidez y estrechó sus manos en un gesto de hospitalidad. Tras ellos, como una sombra que parecía seguirles, se encontraba una joven mujer llamada Amelia.

José no pudo evitar notar los grandes ojos de Amelia, que parecían ocultar una mirada profunda y enigmática. Una intuición se agitó en su corazón, como si presintiera que la presencia de esta joven traería consigo una mezcla de bendiciones y desafíos. Era una sensación confusa, una encrucijada de posibilidades que se extendía frente a él.

La corbata, anudada con elegancia alrededor del cuello de José, también percibió la singularidad de aquel momento. Sus pliegues parecían vibrar con una especie de anticipación, como si estuvieran a punto de presenciar un capítulo crucial en la historia de José y la comunidad.

La pareja, Efraín y Silvina, compartió sus preocupaciones con José en privado, mientras Amelia aguardaba en silencio en un rincón del lugar. La atmósfera estaba cargada de emociones reprimidas y un aura de misterio rodeaba a la joven.

José, como líder religioso y guía espiritual, sentía la responsabilidad de ofrecer apoyo y orientación a aquellos que buscaban consuelo en momentos de dificultad. Sin embargo, las miradas furtivas que intercambiaba con Amelia dejaban entrever un caleidoscopio de emociones y dilemas morales en su interior.

La corbata, testigo de los acontecimientos, se mantenía impecablemente anudada pero su tejido parecía tensarse sutilmente, como si estuviera atenta a los secretos que se revelarían con el tiempo.

En medio de aquel cruce de miradas y emociones contenidas, José se preparaba para abordar las inquietudes de Efraín y Silvina, al mismo tiempo que se preguntaba qué papel desempeñaría Amelia en el destino de todos los presentes. La comunidad del "Eco de la Gracia" estaba a punto de enfrentar una encrucijada que desafiaría sus creencias y su moralidad.

José, tras recibir a Efraín y Silvina en una sala privada de "El Eco de la Gracia", los instó a compartir abiertamente sus problemas maritales. Con la confianza que ofrecía su posición como líder religioso, se sentó frente a ellos, sus ojos reflejando una genuina preocupación por su bienestar.

Efraín y Silvina comenzaron a relatar los desafíos que habían enfrentado en su matrimonio. Sus palabras eran un río de emociones contenidas que fluía libremente en la habitación. Hablaban de la distancia que había crecido entre ellos, de las diferencias irreconciliables y de las heridas acumuladas con el tiempo.

José escuchaba atentamente, su rostro reflejando comprensión y empatía. Sin embargo, su mente no podía evitar divagar hacia Amelia, la misteriosa joven cuya presencia parecía estar conectada de alguna manera a la angustia de Efraín y Silvina.

La corbata, como un fiel acompañante en el cuello de José, permanecía en silencio, pero su tela parecía vibrar con una inquietud latente. Era consciente de que el destino de todos los presentes estaba entrelazado en un complejo entramado de experiencias y conexiones.

José, inquisitivo, comenzó a hacer preguntas específicas sobre la relación de Efraín y Silvina, tratando de comprender las raíces de sus problemas. Sus palabras eran como una guía, orientando a la pareja hacia la reflexión y la introspección.

Mientras escuchaba sus respuestas, José comenzó a atar cabos en su mente. La presencia de Amelia, la joven enigmática, parecía ser la clave para entender la complejidad de la situación. Las miradas fugaces que había compartido con ella durante el servicio ahora cobraban un nuevo significado.

José se dio cuenta de que Amelia era una amiga cercana de Efraín y Silvina, y que había estado involucrada en su vida de una manera que iba más allá de una simple amistad. Sus lazos con la pareja eran profundos y complicados, y esto arrojaba una luz intrigante sobre la situación.

La corbata, anudada con elegancia pero con una tensión latente en su tejido, parecía estar al tanto de la complejidad de las relaciones humanas y las implicaciones morales que surgían. Era como si el nudo de la corbata reflejara la maraña de relaciones y dilemas éticos que se estaban tejiendo en aquel momento.

José, mientras continuaba su conversación con Efraín y Silvina, comprendió que su involucramiento en esta situación sería inevitable. La comunidad del "Eco de la Gracia" estaba a punto de enfrentar una serie de desafíos morales y emocionales que pondrían a prueba sus creencias y su capacidad para encontrar el camino hacia la redención y la reconciliación.

El día de la reunión en la comunidad del "Eco de la Gracia" había llegado. La iglesia estaba llena de fieles que se habían reunido para escuchar las palabras de José en su sermón semanal. La expectación se palpaba en el aire, y un sutil aire de misterio flotaba en la atmósfera.

José, desde el púlpito, comenzó su sermón. Su voz resonaba con autoridad y pasión mientras hablaba de temas relacionados con la fe, la redención y la importancia de la comunidad en el camino hacia la salvación. Sus palabras eran como un río que fluía con elegancia y fluidez, llevando consigo las esperanzas y los anhelos de los presentes.

Mientras pronunciaba su sermón, José abordaba cuestiones de moralidad y la lucha interna del alma humana. Hablaba de la fragilidad de la naturaleza humana y la necesidad de buscar la redención a través del perdón y la compasión. Su elocuencia envolvía a la audiencia, manteniendo sus mentes y corazones en vilo.

Amelia, sentada en la parte trasera de la iglesia, observaba a José desde el estrado con una mirada profunda y penetrante. Sus ojos, grandes y expresivos, se encontraban con los de José en un instante fugaz pero significativo. Era como si sus miradas se comunicaran en un lenguaje secreto que solo ellos entendían.

La corbata de José, anudada con perfección alrededor de su cuello, parecía ser consciente de la conexión silenciosa que se había establecido entre su portador y Amelia. Su tejido, impecable y sin arrugas, mantenía su compostura, pero también reflejaba una tensión sutil.

El sermón de José continuó, y su voz resonaba en el santuario con un tono apasionado y persuasivo. Sus palabras instaban a la reflexión y al autoexamen, recordando a los fieles la importancia de vivir de acuerdo con los principios morales y espirituales.

Amelia, en la parte trasera, escuchaba atentamente las palabras de José, pero su atención se centraba en las miradas furtivas que intercambiaba con él. Había algo en la conexión entre ambos que desafiaba las normas y las expectativas de la comunidad.

La corbata, como un espectador silencioso en la escena, parecía estirarse ligeramente en respuesta a la tensión emocional que se había acumulado en la iglesia. Era consciente de que la moralidad y el deseo se entrelazaban en aquel momento, creando una danza complicada de emociones y dilemas.

José, desde el púlpito, continuaba su sermón con convicción, pero su mente se dividía entre sus deberes religiosos y la misteriosa conexión que compartía con Amelia. La comunidad del "Eco de la Gracia" se encontraba en un cruce de caminos, donde la moralidad y la tentación chocaban en un choque silencioso pero impactante.

En medio de su apasionado sermón, José elegía sus palabras con sabiduría para llegar al corazón de la comunidad. Utilizaba analogías evocadoras que resonaban en las almas de los presentes, haciendo hincapié en la importancia de llevar una vida recta y moralmente íntegra.

"La vida es como un río", comenzó José con una voz firme pero llena de compasión, "un río que fluye sin cesar, llevándonos en su corriente. En este río de la vida, a menudo nos enfrentamos a corrientes turbulentas y aguas revueltas. Pero ¿cómo podemos mantenernos en el camino recto en medio de las tempestades?"

La congregación escuchaba con atención, sus miradas fijas en el líder religioso, mientras continuaba su metáfora.

"Imaginen que somos barquitos en este río de la vida", continuó José. "Nuestra brújula es la moralidad, y nuestros remos son nuestras acciones. Cuando seguimos un camino recto y justo, nuestros barquitos avanzan con calma y serenidad. Pero, oh, cuántas veces nos desviamos de ese camino recto y permitimos que la corriente nos arrastre hacia aguas turbias."

José se movía con gracia en el estrado, sus gestos enfatizaban sus palabras, y su corbata permanecía quieta como un símbolo de su autoridad espiritual.

"La moralidad es nuestro faro en medio de la oscuridad", continuó. "Es el faro que nos guía a través de las noches tormentosas de la tentación y el pecado. Cada elección que hacemos, cada acción que tomamos, es una piedra que construye el puente hacia una vida recta y plena."

La comunidad asentía en señal de entendimiento, y algunos miembros intercambiaban miradas de complicidad. José había tocado una fibra sensible en sus corazones.

"Recordemos siempre", concluyó José, "que la vida recta es un compromiso diario. Es una elección que hacemos en cada momento. Sigamos el camino de la moralidad y la rectitud, y encontraremos la paz en medio de las aguas tumultuosas de la existencia."

Las palabras de José resonaron en el santuario, dejando una profunda impresión en los corazones de los fieles. Mientras la comunidad reflexionaba sobre el significado de sus enseñanzas, las miradas continuaban cruzándose entre José y Amelia, como dos fuerzas que luchaban en silencio en el corazón de aquel lugar sagrado.

La corbata de José, testigo silente de su elocuente discurso, permanecía firme y elegante, recordando a todos que la moralidad y la tentación eran como las dos caras de una misma moneda, una dualidad que todos debían enfrentar en su viaje espiritual.

Al final de la reunión, cuando el último himno resonaba en el santuario y los fieles comenzaban a dispersarse, Amelia se acercó discretamente a José y le entregó una nota. La expresión de José se tornó sorprendida y preocupada mientras tomaba el papel entre sus manos. El mensaje que encontró en la nota era perturbador y desafiante.

La caligrafía de Amelia era delicada pero cargada de significado. El mensaje decía: "José, sé lo que sientes, sé lo que anhelas. Te invito a cruzar el umbral de lo prohibido. Esta noche, en el silencio de la oscuridad, ven a mi encuentro en el lugar que ambos conocemos. Dejemos que nuestros corazones hablen por nosotros."

José quedó perplejo ante la invitación de Amelia. Sabía que lo que ella proponía era un territorio peligroso, un camino que los llevaría a enfrentar dilemas morales aún más profundos. A pesar de la atracción que sentía por ella, su conciencia estaba dividida.

Mientras observaba a la comunidad dispersarse, José se preguntaba qué hacer. Su mente estaba llena de conflictos internos. Por un lado, sentía una profunda responsabilidad hacia el matrimonio de Efraín y Silvina, cuyos problemas maritales lo habían llevado a este punto. Por otro lado, la tentación y el deseo lo empujaban hacia el encuentro secreto con Amelia.

La corbata en su cuello parecía tensarse ligeramente, como si también sintiera la tensión en el corazón de su portador. Era un testigo silencioso de la lucha interna que José estaba experimentando.

José guardó la nota en el bolsillo de su saco, su mente llena de preguntas sin respuesta. Sabía que tenía una decisión importante que tomar, una decisión que podría cambiar el rumbo de su vida y la de aquellos que lo rodeaban.

La comunidad del "Eco de la Gracia" estaba a punto de enfrentar desafíos morales aún más profundos, y José se encontraba en el centro de ese torbellino de emociones y dilemas éticos.

José se encontraba solo en el santuario del "Eco de la Gracia", el silencio de la noche envolvía el lugar, y la única luz provenía de las velas encendidas en el altar. Mientras cerraba las puertas del lugar, una voz insidiosa y maligna parecía surgir en su interior, como aforismos que se escribían en su mente.

"La tentación es el fuego que prueba el metal de la moralidad."

"No puede pasar nada si nadie se entera."

"La oscuridad revela las verdaderas sombras del alma."

José luchaba internamente mientras estas palabras resonaban en su cabeza. Sabía que la voz que escuchaba representaba una parte de él que ansiaba lo prohibido, que deseaba seguir el camino del deseo en lugar de la moralidad. La tentación era un abismo profundo que lo llamaba con una seducción peligrosa.

Finalmente, José tomó una decisión. La corbata, testigo mudo de su dilema, permanecía inmóvil mientras se dirigía hacia el lugar de la cita con Amelia. Sabía que estaba a punto de cruzar un umbral incierto y peligroso, un territorio donde la moralidad y el deseo chocaban en una danza desafiante.

El camino que había elegido era arriesgado, y las consecuencias eran desconocidas. Pero en ese momento, José estaba dispuesto a enfrentar las sombras de su propia alma y a explorar los límites de su moralidad.

Con pasos decididos, se encaminó hacia la cita con Amelia en la oscuridad de la noche, sin saber que este encuentro cambiaría irrevocablemente el rumbo de sus vidas y el destino de la comunidad del "Eco de la Gracia".

Bajo el velo de la lujuria, José se inclina con deseo,

Mientras el dulce néctar de Amelia se convierte en su trofeo,

Susurros prohibidos llenan el aire, en este juego sosegado,

Donde la pasión se eleva, sin tabúes ni pecado.

Sus labios se entrelazan en un baile apasionado y sensual,

Amelia gime y se estremece, en este acto carnal,

Cada gemido es un lamento de placer celestial,

Donde el éxtasis los envuelve en un ritual infernal.

José explora con avidez, sin límites, sin cesar,

Mientras Amelia se entrega al frenesí de su mirar,

Cada caricia es un verso que la hace delirar,

En esta danza ardiente, donde ambos se dejan llevar.

En el abrazo de la noche, el tiempo se desvanece,

José y Amelia, en su pasión que no cesa,

Componen versos oscuros, sin pudor, con destreza,

Donde el deseo los consume en su voraz belleza.

En la penumbra de la noche, José y Amelia se encontraron, susurros de deseo ocultos en cada mirada. Se adentraron en un mundo secreto, un lugar donde los tabúes se desvanecen y el anhelo se despierta. Se entregaron el uno al otro en un abrazo apasionado, donde los besos eran poemas y las caricias, versos de desenfreno.

Cada roce encendía el fuego de la pasión, y sus cuerpos se movían en armonía como dos amantes condenados por el deseo. El placer crecía con cada instante, susurros de éxtasis escapaban de sus labios mientras se perdían en un torbellino de sensaciones. Al final, extasiados y saciados, compartieron un secreto, un pacto silencioso que solo ellos conocían, un rincón oscuro de sus almas donde guardaban el recuerdo de su encuentro prohibido. Y así, en el silencio de la noche, se separaron, llevando consigo la pasión compartida como un tesoro que solo ellos poseían.

José, a los días regresó a la comunidad "Eco de la Gracia" con un corazón que rebosaba de alegría, pero también llevaba consigo un oscuro secreto que, como un veneno sutil, se infiltraba en su alma. Continuaba con sus deberes eclesiásticos con una pasión renovada, sus sermones resonaban con una elocuencia que conmovía a los congregantes. Era como si su encuentro prohibido con Amelia hubiera encendido una chispa en su interior que iluminaba su camino espiritual.

Sin embargo, mientras predicaba la palabra de Dios, las sombras de su conciencia lo atormentaban. El recuerdo de su pecado, el sabor prohibido de la pasión compartida con Amelia se aferraba a su mente como un fantasma persistente. A veces, en medio de sus sermones, sus pensamientos divagaban, y se preguntaba si Dios podía ver a través de sus acciones, si estaba siendo juzgado en silencio por el Todopoderoso.

La dualidad de su existencia lo consumía. Por un lado, experimentaba la euforia de su relación con Dios y la comunidad, pero por otro, la culpa y el anhelo por Amelia lo perseguían como un tormento interminable. A menudo, se encontraba luchando contra la dopamina que inundaba su cerebro cada vez que pensaba en ella, una dulce agonía que amenazaba con despojarlo de su santidad.

José se debatía en esta lucha interna, atrapado entre la luz y la oscuridad, en una danza eterna de redención y perdición. Sus sermones continuaban resonando en la comunidad, pero su alma estaba dividida en dos, un reflejo del eterno conflicto humano entre el bien y el mal.

En un día ordinario en la comunidad "Eco de la Gracia", José se encontraba en su elemento. El sol brillaba en lo alto del cielo, y los rayos dorados bañaban la iglesia, iluminando cada rincón y confiriendo un aire de santidad al lugar. La congregación estaba reunida en el interior, expectante y ansiosa por escuchar las palabras inspiradoras de su líder espiritual.

José subió al púlpito, su voz resonó con una autoridad natural mientras comenzaba su sermón. Habló de sela redención, de cómo cada alma podía encontrar su camino hacia la luz divina a través de la fe y el arrepentimiento. Sus palabras fluían con gracia y poder, como un río que nutría los corazones sedientos de la comunidad.

Los congregantes se sumergieron en su discurso con devoción, y sus rostros reflejaban un gozo profundo mientras absorbían sus enseñanzas. Los ojos brillantes y las sonrisas de la congregación se entrelazaban con el sonido de los amenes y los cánticos de alabanza. Era un momento de comunión, donde las almas se elevaban en unidad hacia lo divino.

El día continuó con actividades cotidianas en la comunidad. Los miembros compartían comidas, compartían historias y disfrutaban de la compañía mutua. Había un sentido palpable de alegría y comunidad en el aire, como si estuvieran todos unidos por un propósito más grande. José era el faro que los guiaba en su camino espiritual, y su presencia inspiraba esperanza y amor en todos los corazones.

Sin embargo, en medio de esta armonía, José llevaba consigo un secreto oscuro que amenazaba con socavar su paz interior. Aunque su espíritu estaba imbuido de alegría y devoción, su alma seguía dividida por el recuerdo de Amelia y la pasión prohibida que compartieron. El conflicto interno continuaba acechando, como una sombra que se cernía sobre su felicidad. José, el líder espiritual, seguía siendo un hombre atormentado por sus propios deseos y pecados.

El sol se ocultaba en el horizonte cuando José llegó a la modesta casa de Efraín y su esposa, Silvina. La fachada parecía tranquila, pero en su interior, los problemas conyugales que habían perturbado sus vidas continuaban. José había estado siguiendo de cerca la difícil situación de la pareja, tratando de ayudarlos a encontrar la paz y la reconciliación.

Efraín y Silvina lo recibieron con una mezcla de gratitud y ansiedad. Sabían que José había sido un faro de esperanza en momentos oscuros de su matrimonio. Se sentaron en la sala, y la tensión en el aire era palpable. La casa parecía estar llena de secretos y conflictos sin resolver.

José, con su voz tranquila pero decidida, comenzó a hablar con Efraín y Silvina sobre la importancia de la comunicación y el perdón en un matrimonio. Les instó a abrir sus corazones y compartir sus preocupaciones y miedos mutuos. Mientras hablaba, sus palabras eran como rayos de luz que intentaban penetrar la oscuridad que se había acumulado entre ellos.

Pero entonces, en un momento de revelación sorprendente, Efraín soltó una bomba de secretos que dejó a José atónito. Habló de Amelia, la joven que había entrado en sus vidas recientemente. Confesó que había estado involucrado en una relación secreta con Amelia, una relación que había amenazado aún más su matrimonio ya tambaleante.

Silvina, al escuchar estas palabras, se sintió abrumada por una mezcla de emociones: sorpresa, tristeza y enojo. José, que había estado tratando de ayudar a la pareja a salvar su matrimonio, ahora se encontraba en medio de un conflicto aún más complicado. La oscuridad de los secretos y las mentiras parecía haberse profundizado, y el destino de Efraín, Silvina y Amelia estaba más incierto que nunca. La historia había dado un giro inesperado y desconcertante, y José se enfrentaba a un desafío aún mayor en su papel de consejero espiritual.

José yacía en la oscuridad de su habitación, perdido en los laberintos de sus pensamientos. Mientras el mundo a su alrededor se sumía en el silencio de la noche, su mente parecía un laberinto de deseos y conflictos. A medida que el sueño lo envolvía, sus pensamientos comenzaron a teñirse de un matiz erótico, y la figura de Amelia se deslizó suavemente en su conciencia.

A pesar de las imágenes sensuales que lo acosaban en la penumbra de la noche, José seguía atormentado por la conversación con Efraín y Silvina. El conflicto en su matrimonio había tomado un rumbo inesperado, y José se sentía atrapado en el torbellino de secretos y deseos incontrolables. Aunque sus pensamientos lo llevaban a lugares prohibidos, no podía evitar sentir una extraña indiferencia hacia su propio dilema. La urgencia de ayudar al matrimonio parecía eclipsar cualquier otro sentimiento.

José se debatía entre la pasión y la moralidad, entre los deseos carnales y su deber religioso. En el silencio de la noche, mientras sus sueños lo arrastraban por caminos oscuros, seguía siendo un hombre dividido entre el deseo y la responsabilidad. La historia, como un enigma complejo y emocional, continuaba desarrollándose en la mente de José, sin ofrecer respuestas claras ni soluciones fáciles.

La noche estaba envuelta en un manto de silencio cuando José, impulsado por sus deseos incontrolables, se aventuró en busca de Amelia en la penumbra de la madrugada. El mundo estaba en un estado de sopor, y las calles vacías parecían un reflejo del secreto que compartían. Los pasos de José resonaban apenas en el silencio de la noche, como si el universo mismo guardara su secreto.

Amelia, como si hubiera sentido la presencia de José, lo esperaba en el umbral de la oscuridad. No se necesitaban palabras. En un abrazo furtivo, se encontraron de nuevo, dos almas que habían sucumbido a la pasión prohibida. En el susurro del viento nocturno y el roce de sus cuerpos, compartieron una intimidad silenciosa pero ardiente.

Los minutos se deslizaron sin hacer ruido, y en medio de esa noche clandestina, José y Amelia dieron rienda suelta a sus deseos más profundos. Cada caricia, cada suspiro, era un testimonio de su complicidad secreta. No necesitaban palabras para expresar lo que sentían. La locura de la intimidad los consumió, y en el silencio de la noche, compartieron un vínculo que trascendía el mundo exterior.

Al amanecer, mientras los primeros rayos de sol rompían la oscuridad de la noche, José y Amelia se separaron, sabiendo que su encuentro había sido efímero pero intenso. Sin palabras, volvieron a sus vidas, cada uno cargando su secreto como una carga pesada. La historia continuaba, enredada en los hilos de la pasión y la prohibición, y ambos quedaron atrapados en su tejido, sin saber hacia dónde los llevaría.

El domingo amaneció con su típica serenidad, y José se preparó para otro día en la comunidad del "Eco de la Gracia". Debía aparentar normalidad y tranquilidad, como siempre lo hacía, a pesar de la tormenta de pensamientos que rugía en su interior. La gente esperaba su enseñanza dominical, y él no podía defraudarlos.

Mientras ascendía al púlpito para dar su sermón, notó algo extraño en el matrimonio de Efraín y Silvina. Sus miradas eran esquivas, y había una tensión palpable en el aire. José, con su aguda intuición, se dio cuenta de que algo había ocurrido desde su última reunión con ellos.

Durante su sermón, José trató de mantener la calma y la compostura, pero su mente divagaba hacia los secretos y las intrigas que rodeaban a Efraín, Silvina y, por supuesto, Amelia. Había aprendido a ocultar sus propios secretos detrás de una máscara de devoción, y sabía que debía hacerlo mejor que nunca en ese momento.

A medida que su enseñanza avanzaba, José se preguntaba qué había sucedido entre Efraín y Silvina. Había algo en sus ojos que hablaba de una profunda incomodidad, una sombra que oscurecía su relación. Aunque estaba decidido a seguir su camino eclesiástico y aparentar normalidad, no podía evitar sentir que estaba atrapado en una red de secretos y traiciones que amenazaba con desmoronarse en cualquier momento.

Al final de la reunión, José observó cómo Efraín se alejaba apresuradamente, dejando sola a Silvina. Era la oportunidad perfecta para acercarse y hablar con ella, quizás averiguar un poco más sobre lo que estaba ocurriendo en la vida de esta pareja. Silvina, con una mirada sombría en los ojos, parecía más dispuesta a hablar que nunca.

José comenzó una conversación con preguntas cuidadosamente elegidas, tratando de sondear lo que había estado sucediendo en la vida de Efraín y Silvina. Mientras hablaban, una extraña sensación recorrió la mano de José. ¿Fue una caricia, un gesto involuntario o simplemente su imaginación jugando trucos en su mente atribulada? Mantuvo la compostura y continuó la conversación, pero la duda persistió en su mente. La caricia, o lo que fuera, permaneció como un misterio sin resolver en ese momento. José sabía que algo estaba pasando, pero no tenía claro qué era.

José escuchó atentamente mientras Silvina le revelaba los dolorosos detalles de su vida matrimonial, que incluían una posible separación con Efraín. La tensión en la conversación era palpable, y José sintió empatía por la pareja. No obstante, sus pensamientos se vieron interrumpidos abruptamente cuando, en la entrada de la comunidad, apareció Dana.

No podía creer lo que estaba viendo. La presencia de Dana, quien había sido una figura importante en su vida recientemente, en ese contexto inesperado, dejó a José perplejo. El destino parecía tejer hilos invisibles entre todos ellos, y las complejidades de sus relaciones personales se volvían cada vez más enigmáticas. José se encontraba en medio de una situación que no podía evitar, atrapado entre las vidas entrelazadas de aquellos a quienes conocía, pero no podía dejar de preguntarse si todo esto tenía un propósito más profundo o si era simplemente una casualidad que lo había arrastrado a un mundo de secretos y dilemas.

José, con su corazón aún pesado por la conversación con Silvina y las complejidades que rodeaban su relación con Efraín, ahora se encontraba cara a cara con Dana. Su rostro revelaba preocupación y ansiedad, y antes de que ella pudiera decir una palabra, José notó la tensión en el aire.

Dana lo miró con ojos llenos de angustia y finalmente confesó: "José, necesito hablarte de algo importante. Estoy embarazada". Las palabras cayeron en la atmósfera como una pesada ancla, y el silencio que siguió fue ensordecedor. José luchó por encontrar las palabras adecuadas para responder a esta sorprendente revelación.

La noticia de que Dana estaba embarazada abrió una nueva dimensión en esta intrincada red de relaciones. José se dio cuenta de que las vidas de todos los involucrados se habían vuelto aún más entrelazadas y complicadas de lo que jamás hubiera imaginado. Las sombras del pasado y los secretos que acechaban en su comunidad parecían haber llegado a un punto de no retorno, y la moralidad de José se tambaleaba en el filo de una navaja afilada.

Sus dilemas morales, que habían comenzado con su atracción por Paula y continuado con su relación clandestina con Amelia, ahora se multiplicaban en esta historia. José se enfrentaba a una encrucijada moral aún más compleja, y la pregunta que lo atormentaba era si sería capaz de encontrar un camino hacia la redención en medio de la oscuridad que lo rodeaba.

La noticia de que Dana estaba embarazada golpeó a José como un trago amargo que le dejó un sabor agridulce en la boca. Se sintió abrumado por una mezcla de emociones que iban desde la sorpresa hasta la preocupación y la confusión. No sabía cómo reaccionar ante esta revelación inesperada.

José miró a Dana, con los ojos llenos de interrogantes. La pregunta que le quemaba los labios era evidente: "Dana, ¿es cierto? ¿Estás segura de que estás embarazada?" Su voz temblaba ligeramente, y en sus ojos se reflejaba una mezcla de miedo y anhelo por la verdad.

Dana asintió con lentitud, sus ojos llenos de lágrimas. "Sí, José, lo estoy. Me hice varias pruebas y todas dieron positivo. No sé qué hacer, estoy asustada y confundida".

José sabía que esta noticia cambiaría por completo la dinámica de su comunidad y de su propia vida. Aunque tenía muchas preguntas sin respuesta y temores sobre las implicaciones de este embarazo, también entendía que era el momento de tomar responsabilidad por sus acciones. En medio de la incertidumbre y la complejidad de su situación, una cosa era clara: su vida había dado un giro inesperado y no había marcha atrás.

El silencio en la habitación se volvió palpable mientras Dana miraba a José con ojos inquisitivos. La noticia del embarazo había sido solo una artimaña, una treta diseñada para conocer la reacción de José y descubrir más sobre su situación. Era evidente que Dana había tejido una red de engaños para descubrir la verdad detrás de la historia de José.

José, sintiéndose confundido y traicionado, finalmente rompió el silencio. "¿Por qué, Dana? ¿Por qué harías algo así?"

Dana bajó la mirada por un momento antes de responder. "Necesitaba saber la verdad, José. He estado investigando y he escuchado rumores sobre tu participación en asuntos turbios dentro de la comunidad. Quería saber si eras sincero o si ocultabas algo".

José se sintió atrapado en una maraña de mentiras y engaños. No sabía cómo reaccionar ante la revelación de Dana. A pesar de que sus intenciones podían haber sido buenas, la forma en que había obtenido información lo hizo sentir vulnerable y expuesto. La confianza se había roto, y la comunidad que una vez consideró su refugio se convirtió en un lugar de secretos y desconfianza.

La atmósfera en la comunidad se volvió espesa con el misterio que rodeaba a José y Dana. La supuesta noticia del embarazo había dejado a José en un estado de profunda confusión y desesperación. Se encontraba atrapado en un callejón sin salida, sin saber a quién confiarle y sin poder discernir la verdad en medio de las sombras de engaño que lo rodeaban.

Noches sin dormir se convirtieron en semanas de tormento mental. José se veía a sí mismo como un hombre perdido en un océano de mentiras, sin tierra firme a la vista. La duda sobre la verdadera naturaleza de Dana y sus propias acciones lo consumía, llevándolo al borde de la desesperación. Cada mirada, cada susurro en la comunidad parecía estar cargado de significado oculto, y él se sentía cada vez más aislado.

Intentó encontrar consuelo en la oración y en la enseñanza que solía ofrecer a la comunidad, pero incluso en esos momentos sagrados, su mente estaba plagada de pensamientos oscuros. La fe que una vez lo sustentó ahora parecía tambalearse en la incertidumbre de su situación.

La situación alcanzó un punto culminante una noche oscura y tormentosa. José se encontraba solo en su habitación, enfrentando su reflejo en el espejo con ojos llenos de autodesprecio. Se preguntaba cómo había llegado a este punto, cómo su vida se había convertido en un enigma sin solución. La posibilidad de que todo fuera una artimaña para desestabilizarlo lo atormentaba.

En la penumbra de su habitación, José tomó una decisión: confrontaría a Dana, exigiría respuestas con determinación, sin importar cuán oscuro fuera el secreto que ella pudiera estar guardando. La verdad, por más dolorosa que fuera, sería su única salvación en medio de esta aspereza de engaños y desconfianza que lo consumía por dentro.

Las noches de José se volvieron una pesadilla que ni las mentes más siniestras podrían concebir. Cada sombra en su habitación se convirtió en un recordatorio de sus oscuros secretos y engaños, y el murmullo del viento en las ventanas resonaba como risas burlonas de un mundo que se escarnecía de su desesperación.

En esas noches interminables, su mente se convirtió en su peor enemigo. Se debatía entre el deseo de confesar sus pecados y la paralizante ansiedad de enfrentar las consecuencias de sus acciones. Los demonios del remordimiento lo acosaban en sueños, mezclándose con visiones de Amelia y Dana en una danza macabra que lo dejaba sudoroso y despierto en medio de la oscuridad.

La comunidad, que alguna vez vio a José como su guía espiritual, comenzó a notar su agitación y su pérdida de fe en sí mismo. Sus sermones, una vez apasionados y conmovedores, ahora sonaban huecos y vacíos, como si él mismo no creyera en las palabras que pronunciaba. Los fieles seguidores comenzaron a cuestionar su liderazgo, y algunos incluso empezaron a alejarse en busca de una guía espiritual más sólida.

José, atrapado entre el abismo de su propio engaño y la desintegración de su comunidad, se encontró en un dilema existencial. Sus enseñanzas se tambalearon bajo el peso de sus acciones pasadas, y la dualidad de su vida lo atormentaba sin piedad, se encontraba en una lucha interna épica, enfrentándose a sus propios demonios mientras trataba de encontrar una salida de este laberinto de mentiras y autoengaño.

Cada noche era un capítulo más en su oscura saga personal, y José no podía evitar preguntarse si alguna vez encontraría redención o si su vida se sumergiría aún más en la locura y el horror que él mismo había creado.

Las murmuraciones en la comunidad resonaban en los oídos de José como el siseo de serpientes venenosas. Cada mirada furtiva, cada susurro ahogado, era como un cuchillo que se clavaba en su corazón ya angustiado. Los chismes crecían como maleza en un jardín descuidado, retorciéndose alrededor de su reputación como una enredadera venenosa.

Su desesperación creció a medida que más y más miembros de la comunidad empezaron a apartarse de él, como si su presencia misma fuera contagiosa. Los fieles seguidores que antes buscaban su orientación ahora lo evitaban, temerosos de ser salpicados por las sombras que parecían seguirlo a todas partes. Las miradas de desconfianza y los murmuros a sus espaldas se convirtieron en compañeros constantes, y José se sentía atrapado en un torbellino de sospechas y dudas.

Cada vez que intentaba predicar, sus palabras caían en oídos sordos y rostros incrédulos. La congregación, una vez unida en su devoción, ahora estaba fracturada y desconfiada. La desesperación de José se profundizó, ahogándolo como un océano sin fin. Se encontraba solo en medio de una multitud, aislado por su propia culpa y la percepción distorsionada que los demás tenían de él.

Intentó aferrarse a su fe, pero incluso eso se volvía un desafío monumental. La esencia misma de su ser se sentía contaminada por las acusaciones y los rumores. Noches sin dormir y días de angustia se convirtieron en su nueva realidad, y la sombra de su propia deshonra lo perseguía incluso en sus momentos más íntimos.

En su desesperación, José se preguntaba si alguna vez podría redimirse, si alguna vez podría limpiar su nombre y restaurar la fe que la comunidad había perdido en él. Pero a medida que los chismes crecían y la desconfianza se profundizaba, esa esperanza parecía alejarse cada vez más, como una estrella fugaz que se desvanece en la vastedad del universo, dejando a José perdido en la oscuridad de su propia creación.

En los oscuros callejones del pueblo, los chismes se contaban como si fueran secretos ancestrales, susurrados de boca en boca con una lujuria maliciosa. "¿Has oído hablar de José?", se preguntaban entre susurros, como si su nombre fuera un veneno que se derramaba en el aire. "Dicen que sus manos están manchadas de pecado, que ha perdido el camino y que lleva a otros por el mismo sendero oscuro".

Las palabras se tejían en una telaraña de acusaciones viciosas. "Cuentan que sus sermones son mentiras disfrazadas, cuya sonrisa esconde un corazón negro como el carbón". Los ojos curiosos se encontraban en la plaza del pueblo, mirándolo con desprecio mientras él pasaba, como si pudieran ver a través de su piel y descubrir los secretos que se escondían en su interior.

Los chismosos se deleitaban en la creación de mitos retorcidos. "Afirman que ha vendido su alma al diablo, que su relación con Amelia es más que una simple amistad", susurraban en las sombras, alimentando las mentes de aquellos que estaban ávidos de escándalo. "Incluso se dice que ha perdido la capacidad de distinguir entre el bien y el mal, que está poseído por fuerzas oscuras que lo han transformado en algo menos que humano".

Los chismes crecían y se multiplicaban como una plaga incontrolable, distorsionando la realidad y creando una versión de José que apenas se reconocía a sí mismo. Cada palabra maliciosa era como una gota de ácido que caía sobre su alma, quemándolo desde adentro y dejando cicatrices invisibles en su ser.

José se encontraba atrapado en un remolino de acusaciones sin fundamento, luchando por mantener su cordura en medio del caos de mentiras que lo rodeaba. La intensidad de los chismes amenazaba con consumirlo por completo, como un fuego voraz que devora todo a su paso, dejando solo cenizas a su paso.

Era una noche sin luna, donde las sombras se estiraban como dedos fríos por las calles del pueblo. José caminaba solo, tratando de encontrar consuelo en la oscuridad que lo rodeaba, pero incluso la noche parecía estar impregnada de los chismes que flotaban en el aire.

Fue entonces cuando se cruzó con Clara, una miembro devota de la comunidad cuyos ojos lo miraron con una curiosidad afilada. Sus palabras eran como agujas, pinchando en las grietas de la armadura de José. "He oído cosas, José", dijo ella en un tono suave pero cargado de significado. "Chismes sobre ti y Amelia. ¿Hay verdad en esas palabras?"

José sintió el peso de las palabras de Clara como una losa sobre sus hombros, pero trató de mantener la compostura. "Clara, sabes cómo son los chismes. La gente habla sin saber la verdad. Mi relación con Amelia es puramente platónica, te lo aseguro".

Pero Clara no se dejó convencer tan fácilmente. Sus ojos seguían perforando el alma de José, como si estuviera buscando la verdad en los rincones más oscuros de su ser. "¿Y qué hay de los rumores sobre tus sermones? Dicen que has perdido la fe, que tus palabras ya no llevan la misma convicción que solían tener".

La respiración de José se volvió superficial mientras trataba de encontrar las palabras adecuadas para defenderse. "Mis sermones son tan fervientes como siempre lo han sido. La fe es una llama que arde en mi interior, Clara, y nada puede extinguirla".

Pero Clara no cedía, su mirada era inquebrantable. "He oído incluso que te han visto hablando solo en la iglesia, como si estuvieras discutiendo con algo que no podemos ver. ¿Es eso verdad, José? ¿O es acaso el peso de tus secretos que te está volviendo loco?"

Las palabras de Clara resonaron en los oídos de José como un eco ominoso. No supo qué responder, sintiendo cómo la verdad se deslizaba como arena entre sus dedos. Evadió las preguntas con una sonrisa forzada y continuó su camino, pero en lo más profundo de su ser, la duda comenzó a germinar, envolviéndolo como una sombra que amenazaba con devorarlo por completo.

En una noche fría y estrellada, algo inusual ocurrió en la comunidad de José. Un mensaje, escrito en letras brillantes y audaces, apareció en el tablón de anuncios del centro comunitario. "La Verdad Nos Hará Libres", rezaba el mensaje, iluminado por una luz tenue que parecía surgir de lo divino. La comunidad se congregó frente al mensaje, susurros de asombro y conmoción llenaron el aire mientras todos intentaban comprender el significado detrás de esas simples palabras.

José, sintiendo un impulso que no podía ignorar, se adelantó y tomó la palabra. "Hermanos y hermanas", comenzó, su voz resonando con una nueva determinación, "este mensaje nos ha sido enviado como una guía. Nos recuerda que la verdad es nuestro faro, nuestra brújula en este mundo lleno de sombras y chismes. Debemos confrontar nuestras mentiras y secretos, enfrentar la oscuridad que se esconde en los rincones de nuestros corazones".

Las palabras de José eran como un bálsamo para el alma inquieta de la comunidad. La gente escuchaba en silencio, absorbida por la pasión y la sinceridad de su líder. "Es hora de la redención", continuó José, sus ojos brillando con una luz renovada. "Debemos confesar nuestras faltas, liberar nuestras almas de las cadenas del engaño. Solo entonces podremos encontrar la paz y la verdadera comunión entre nosotros".

La conmoción se apoderó de la multitud. Algunos miraban a sus vecinos con sospecha, preguntándose qué secretos podrían estar escondiendo. Otros se miraban a sí mismos, cuestionando sus propias acciones y motivos. En ese momento, la comunidad estaba unida en su necesidad de verdad y redención.

Esa noche, la confesión se convirtió en un ritual. Uno a uno, los miembros de la comunidad se adelantaron, compartiendo sus pecados y sus secretos más oscuros. Había lágrimas y sollozos, pero también había un sentido palpable de alivio, como si finalmente se hubieran liberado del peso de sus mentiras.

José también confesó, admitiendo sus luchas internas y sus dudas, revelando la verdad detrás de los chismes que habían circulado sobre él. La comunidad lo aceptó con compasión y entendimiento, reconociendo que todos eran humanos y propensos a errores.

A medida que la noche llegaba a su fin, la comunidad se quedó en silencio, reflexionando sobre lo que habían aprendido. Habían experimentado una transformación colectiva, y aunque sabían que el camino hacia la redención sería difícil, estaban unidos en su determinación de caminar juntos hacia la luz de la verdad.

En los días posteriores a esa reveladora noche de confesiones, la comunidad de José experimentó un cambio profundo y palpable. Había un nuevo aire en el ambiente, una sensación de renovación y esperanza que se extendía por cada rincón del pueblo. Las enseñanzas de José resonaban en los corazones de la gente de una manera sin igual; cada palabra que pronunciaba se convertía en una guía, una brújula moral que los impulsaba hacia adelante.

Las mañanas comenzaban con reuniones comunitarias, donde la gente compartía sus metas, sus sueños y sus aspiraciones. Había una sensación de unidad, un entendimiento de que todos estaban en este viaje juntos. Los talleres y clases, antes apenas atendidos, se llenaron de participantes ávidos de aprender y crecer. La comunidad se convirtió en un crisol de conocimiento y creatividad, con personas de todas las edades y antecedentes compartiendo sus habilidades y pasiones.

Las tardes estaban llenas de actividades de servicio. La comunidad se volcaba en ayudar a los necesitados, desde recolectar alimentos para los desfavorecidos hasta ofrecer clases gratuitas para los niños. Había una energía palpable, un deseo colectivo de marcar la diferencia en el mundo que los rodeaba.

José se convirtió en el faro de esta nueva era. Su sabiduría y compasión inspiraban a todos. Cada interacción con él dejaba una marca indeleble en los corazones de las personas. No solo era un líder espiritual, sino también un amigo cercano, alguien que escuchaba sin juzgar y que siempre ofrecía orientación con una sonrisa amable.

La comunidad florecía en esta atmósfera de positividad y crecimiento. Los lazos entre las personas se fortalecían día a día, y cada desafío que enfrentaban lo superaban juntos. Se habían convertido en una verdadera familia, donde el apoyo mutuo y el amor incondicional eran los cimientos sobre los que se construía su nueva realidad.

A medida que el tiempo pasaba, la reputación de la comunidad creció. Personas de otras regiones llegaban para ser parte de esta experiencia transformadora. La comunidad de José se convirtió en un faro de esperanza para aquellos que buscaban un sentido más profundo en la vida.

Y así, en medio de esa normalidad revitalizada, cada día se convertía en una celebración de la vida y del potencial humano. La comunidad, guiada por las enseñanzas de José, continuaba su viaje hacia la verdad y la redención, sabiendo que estaban unidos en un propósito mayor, listos para enfrentar cualquier desafío que el futuro les trajera.

En una tarde tranquila, mientras José caminaba por el mercado local, sus ojos se encontraron con los de Amelia. El mundo pareció detenerse por un momento, y en esos ojos encontró la misma chispa de complicidad y deseo que había compartido antes. Los recuerdos del pasado inundaron su mente, trayendo consigo emociones que creía haber enterrado profundamente.

Amelia se acercó con una sonrisa cálida, rompiendo el hielo que se había formado entre ellos desde su último encuentro. Hablaron de cosas triviales al principio, pero pronto las conversaciones se volvieron más profundas y sinceras. Amelia compartió sus experiencias y aprendizajes desde que se habían separado, mientras José escuchaba atentamente, sintiendo una mezcla de nostalgia y deseo.

La conexión entre ellos seguía siendo palpable, y José se encontró dividido entre su deber como líder de la comunidad y los sentimientos intensos que tenía por Amelia. Sabía que tomar una decisión sería controversial; sus acciones serían escrutadas y podrían afectar la percepción de la comunidad sobre él.

Cada momento pasado con Amelia avivaba las llamas de una pasión que había intentado sofocar. Se dieron cuenta de que los lazos que habían compartido en el pasado seguían tan fuertes como siempre, y ambos se encontraron tentados por la idea de retomar lo que habían dejado atrás. Sin embargo, José también entendía las implicaciones morales y éticas de sus acciones.

La lucha interna de José se intensificaba a medida que pasaban más tiempo juntos. Por un lado, sentía una responsabilidad profunda hacia su comunidad y su papel como guía espiritual. Por otro lado, no podía ignorar los latidos de su propio corazón y la conexión innegable que compartía con Amelia.

En las noches solitarias, José reflexionaba sobre su situación. Se encontraba en un dilema moral, enfrentando la elección entre su deber y sus deseos personales. Sabía que cualquier decisión que tomara tendría consecuencias significativas, y la presión lo consumía.

Mientras la comunidad seguía su camino de crecimiento y transformación, José se encontraba en una encrucijada personal, enfrentando una decisión que cambiaría el curso de su vida y la percepción de los demás sobre él. En las sombras de la noche, contemplaba su futuro, sin saber qué camino elegir, pero sabiendo que cualquier elección que hiciera dejaría una huella imborrable en su destino y en el de aquellos a quienes lideraba y amaba.

José se encontraba en una encrucijada, sintiendo la presión creciente de su comunidad y los susurros de los chismes que rondaban en las sombras. En un intento desesperado por encontrar una solución que satisficiera tanto su corazón como su deber, decidió buscar una forma de formalizar su relación con Amelia.

Con el corazón en la mano, José se acercó a Amelia y le propuso matrimonio en un rincón tranquilo del parque donde solían encontrarse. Amelia, con lágrimas en los ojos y una sonrisa de alegría, aceptó encantada. Ambos sabían que este paso no solo uniría sus vidas emocionalmente, sino que también les ofrecería una especie de protección dentro de la comunidad.

Sin embargo, en lo más profundo de su ser, José sentía una sombra de incomodidad. Sabía que su elección no solo afectaría su relación con Dana, sino que también podía desencadenar una serie de eventos impredecibles dentro de la comunidad del Eco de la Gracia. La idea de herir a Dana, la mujer que había estado a su lado durante tanto tiempo, le pesaba en el alma. A pesar de sus intentos por justificar su decisión, la duda persistía.

La noticia del compromiso se extendió rápidamente por la comunidad, creando una mezcla de reacciones. Algunos miembros estaban felices por José y Amelia, viendo esta unión como un símbolo de amor verdadero. Otros, sin embargo, murmuraban en voz baja, cuestionando la rapidez del compromiso y especulando sobre los verdaderos motivos detrás de esta decisión.

José intentó seguir adelante con los preparativos para la boda, tratando de ignorar las miradas inquisitivas y los susurros que seguían sus pasos. Cada paso que daba hacia el altar estaba lleno de tensión y ansiedad. A pesar de su amor por Amelia, una sombra de duda seguía rondando su mente, recordándole constantemente las complejidades de su elección.

Mientras se acercaba el día de la boda, José se encontraba atrapado en un torbellino de emociones. La comunidad observaba con expectación, algunos con bendiciones y otros con sospechas. José, por otro lado, se aferraba a la esperanza de que esta unión pudiera finalmente brindarle la paz que tanto anhelaba, aunque en el fondo de su corazón, sabía que las consecuencias de su elección aún estaban por revelarse por completo.

En el momento culminante de la ceremonia, con Amelia a su lado y la mirada de toda la comunidad posada sobre ellos, José pronunció unas palabras que resonaron en el salón de bodas como un eco lejano pero profundo: "El amor es un laberinto donde la fidelidad y la fe se entrelazan en un baile eterno. En este laberinto, nos encontramos, Amor y yo, y en nuestra unión encontramos la fuerza para enfrentar incluso los desafíos más oscuros. Que esta fidelidad y fe nos guíen en nuestros días juntos."

La sala estalló en aplausos y alegría cuando Amelia y José se dieron el sí, unidos por los lazos sagrados del matrimonio. Sin embargo, en medio de la celebración, los ojos de José se encontraron con los de Dana al final del salón. Una expresión de sorpresa y tristeza cruzó el rostro de Dana antes de que se alejara, dejando una sombra de misterio en su estela.

A pesar de la felicidad del momento, José no pudo evitar sentir una punzada de inquietud. Las preguntas danzaban en su mente como mariposas inquietas. ¿Qué significaba la presencia de Dana en su boda? ¿Por qué se fue tan repentinamente? ¿Había entendido su mensaje a través de ese aforismo o había sido solo una coincidencia?

La noche continuó con la celebración, pero la sombra de la incertidumbre se aferró al corazón de José. A medida que los invitados brindaban y bailaban, él se encontraba perdido en sus pensamientos, preguntándose si alguna vez entendería completamente las complejidades del amor, la fidelidad y la fe en el laberinto de la vida.

La historia de José y Amelia, marcada por elecciones difíciles y secretos entrelazados, terminaba con un nuevo comienzo. Aunque el futuro era incierto y las interrogantes persistían, la pareja se aferraba a la esperanza de que su amor verdadero pudiera superar cualquier desafío que el destino les lanzara. Y así, en medio de las luces parpadeantes y la música festiva, se prometieron el uno al otro, listos para enfrentar juntos lo que sea que el

futuro les deparara. Y en esa promesa, encontraron un atisbo de paz en medio del enigma que era la vida.

PARTE II

A medida que el trabajo de José en la comunidad del Eco de la Gracia crecía, también lo hacía su responsabilidad y dedicación hacia los demás. Cada día se encontraba con nuevas personas que buscaban orientación y consuelo en su camino espiritual y familiar. Su experiencia en consejería y su profundo conocimiento de la literatura le permitían abordar los problemas familiares con empatía y sabiduría.

Con el tiempo, José se convirtió en una figura respetada y querida en la comunidad. Su matrimonio con Amelia se fortalecía día a día, y juntos enfrentaban los desafíos que la vida les presentaba. Aunque las sombras del pasado seguían acechando su mente de vez en cuando, José encontraba consuelo en el amor y el apoyo de su esposa.

En su trabajo como consejero familiar, José se enfrentaba a diversas situaciones: desde problemas de comunicación hasta crisis matrimoniales profundas. Con paciencia y comprensión, ayudaba a las parejas y familias a encontrar soluciones a sus conflictos. Cada pequeño progreso en las vidas de las personas a las que ayudaba le recordaba por qué había elegido este camino.

Sin embargo, a medida que la comunidad crecía, también lo hacían las expectativas sobre José. La gente lo veía como un guía infalible, un faro de esperanza en medio de las tormentas familiares. Esto lo llenaba de satisfacción, pero también de presión, ya que sentía el peso de las expectativas sobre sus hombros.

A pesar de todo, José seguía adelante, abrazando cada desafío como una oportunidad para crecer y aprender. Sabía que su propia experiencia personal, llena de altibajos y redenciones, le proporcionaba una perspectiva única que podía compartir con los demás. En su corazón, guardaba la lección más importante que había aprendido: que el amor, la comprensión y el perdón eran las fuerzas más poderosas para sanar cualquier herida familiar. Con esta convicción, continuaba su labor, sabiendo que, incluso en los momentos más oscuros, siempre había una luz de esperanza brillando en algún lugar, esperando ser descubierta.

En una tranquila tarde de domingo, el sol arrojaba sus cálidos rayos sobre la congregación del Eco de la Gracia. La sala estaba llena de personas ansiosas por escuchar las palabras de José, su guía espiritual. Su voz resonaba en el espacio, llena de pasión y dedicación, mientras comenzaba su mensaje.

"Hermanos y hermanas", comenzó José, con una mirada llena de determinación, "hoy nos reunimos aquí para hablar sobre el poder de la familia y la construcción de una fe renovada en nuestra comunidad. La familia es el pilar sobre el cual se construyen nuestras vidas, y en su amor y unidad encontramos la fuerza para superar cualquier adversidad".

La congregación escuchaba en silencio, absorbiendo cada palabra con reverencia. José continuó: "En nuestras familias, encontramos amor incondicional, apoyo y consuelo. Es en el seno de nuestras casas donde aprendemos el verdadero significado del perdón y la comprensión. Pero también sabemos que las familias pueden enfrentar desafíos, pruebas que nos ponen a prueba y nos hacen cuestionar nuestra fe".

Sus palabras resonaban en los corazones de todos los presentes, tocando fibras sensibles y despertando reflexiones profundas. "Hoy, hermanos y hermanas, les insto a abrazar el amor en sus hogares. Que cada palabra y cada acción estén impregnadas de amor y comprensión. Recordemos que la fe no solo se vive en las iglesias, sino en cada interacción, en cada sonrisa compartida y en cada lágrima consolada".

La congregación asentía con gratitud, sintiendo el poder de las palabras de José. Mientras él continuaba hablando sobre la importancia de la fe en la vida cotidiana, en la construcción de relaciones sólidas y en la crianza de los hijos, los ojos de Amelia brillaban con orgullo y amor. Estaba a su lado, sosteniendo su mano con delicadeza, mientras ambos anticipaban el próximo capítulo de su vida juntos.

Pocos meses después, la comunidad celebró con alegría el nacimiento del primer hijo de José y Amelia, un niño al que llamaron Daniel. Su llegada fue recibida con entusiasmo y esperanza, como un símbolo del futuro brillante que aguardaba al Eco de la Gracia. José miraba a su pequeño hijo con asombro y gratitud, comprometiéndose una vez más a guiarlo con amor, sabiduría y fe en el camino de la vida.

Y así, en medio de la afinidad de la comunidad y el amor de su familia, José encontró un nuevo propósito en su papel como guía espiritual. Cada día, con cada palabra y cada acción, él construía un legado de amor y esperanza, guiando a su comunidad hacia un futuro lleno de fe, unidad y comprensión mutua. La historia del Eco de la Gracia se escribía con cada sonrisa de un niño, con cada abrazo compartido y con cada oración pronunciada en nombre del amor y la familia. en ese relato, José y Amelia desempeñaban un papel fundamental, recordándoles a todos que, en el corazón de toda comunidad fuerte, yacía el poder transformador del amor y la fe inquebrantable.

La tarde caía sobre el parque cuando José, Amelia y Daniel llegaron para disfrutar de un tranquilo día familiar. El parque estaba lleno de risas y el sonido de los niños jugando llenaba el aire. Mientras Daniel correteaba por el césped, con su risa inocente resonando en el aire, se encontró con otra niña de su misma edad. Era una niña encantadora, de ojos brillantes y sonrisa cálida. Los dos niños se hicieron amigos al instante, compartiendo juguetes y aventuras en el área de juegos.

José observaba a los niños jugar desde un banco cercano, su corazón lleno de alegría por ver a su hijo hacer nuevos amigos. Sin embargo, al acercarse la hora de irse, una sombra inesperada cayó sobre su felicidad. Cuando se acercó para recoger a Daniel, reconoció a la madre de la niña como Dana, la misma mujer que había sido parte de su vida en el pasado.

Intentando mantener la calma y disimular su sorpresa, José saludó a Dana con una sonrisa forzada. Ella devolvió el saludo con cortesía, pero sus ojos se encontraron por un breve instante, y en ese momento, José sintió una corriente de emociones encontradas: nostalgia, tristeza y una pizca de incertidumbre.

Amelia notó la tensión en el aire y, con su característica delicadeza, colocó una mano en el brazo de José para reconfortarlo. Juntos, se despidieron de Dana y su hija, alejándose lentamente del parque. La tranquilidad del momento familiar se vio sacudida por el encuentro inesperado, dejando a José inquieto y perdido en sus pensamientos mientras caminaban hacia casa.

Esa noche, mientras observaba a Daniel dormir en su cama, José se preguntaba sobre el significado de ese encuentro casual. ¿Era simplemente una coincidencia, o había algo más detrás de ese encuentro? La presencia de Dana en su vida, aunque breve, había dejado una marca indeleble en su corazón y en su mente.

Mientras reflexionaba en la oscuridad de la habitación, José se encontró cuestionando las decisiones que había tomado en su vida. La estabilidad de su familia y su amor por Amelia eran innegables, pero el pasado había resurgido de una manera que él no había anticipado. Se preguntaba si sería capaz de manejar las emociones que habían vuelto a la superficie o si estas pondrían en peligro la paz que tanto valoraba.

Con el corazón lleno de confusión, José cerró los ojos, buscando respuestas en los recovecos de su mente. El futuro de su familia, una vez sólido y claro, ahora parecía incierto, y él se encontraba en un cruce de caminos, sin saber qué dirección tomar. La noche se cernía sobre él, llena de preguntas sin respuesta y una sensación de inquietud que parecía no tener fin.

Con el crecimiento constante de la comunidad del Eco de la Gracia, las responsabilidades de José se multiplicaban. Las horas se desvanecían en reuniones, sermones y actividades comunitarias. La necesidad de ayuda era evidente, y la contratación de una secretaria se volvió esencial para mantener todo en orden.

Fue entonces cuando entró en escena Alejandra, una joven de apariencia serena y una belleza que iluminaba la habitación. Su piel blanca como la nieve resplandecía con una luz propia, y su mirada tranquila transmitía una serenidad que caló hondo en José. Después de una entrevista, José decidió contratarla como su secretaria personal, reconociendo no solo su habilidad para el trabajo administrativo, sino también su presencia apacible que parecía traer un sentido de paz a su ajetreada vida.

Con el tiempo, Alejandra se convirtió en un pilar en la vida de José y su familia. No solo se encargaba de las tareas administrativas, sino que también se dedicaba a ayudar en las labores comunitarias. Su carisma y amabilidad la hicieron muy querida entre los miembros de la comunidad. Sin embargo, José no pudo evitar notar cómo su presencia comenzó a afectar sutilmente la dinámica en su hogar.

Amelia, su esposa, también percibió el cambio en José. Aunque confiaba plenamente en él, no podía evitar sentir una sombra de inseguridad. La conexión entre José y Alejandra era palpable, aunque nunca traspasara los límites de lo profesional. Amelia luchaba por mantener la confianza, pero las dudas se acumulaban en su mente.

Mientras tanto, la comunidad florecía bajo el liderazgo de José. Los sermones de él resonaban con una pasión renovada, inspirando a los miembros a nuevas alturas espirituales. Pero, a medida que la comunidad crecía, también lo hacían las tensiones y las complejidades de las relaciones humanas.

En este escenario de crecimiento y cambios, José se encontraba en una encrucijada emocional. La presencia de Alejandra había traído tanto orden como turbulencia a su vida, y él se debatía entre su deber hacia la comunidad y su compromiso con su familia. Los días pasaban, y el futuro se cernía sobre ellos como un misterio, lleno de posibilidades y desafíos que José no podía prever.

El crecimiento constante del Eco de la Gracia también trajo consigo un aire de misterio y lo sobrenatural que comenzó a rodear a la comunidad. Se hablaban de testimonios de sanaciones milagrosas, visiones reveladoras y experiencias que desafiaban la explicación lógica. Estos fenómenos fortalecían la fe de los miembros en José, que parecía estar en el centro de estos eventos inexplicables.

Sin embargo, mientras la congregación se afianzaba cada vez más en su devoción hacia José, en lo más profundo de su hogar, la relación de José con Amelia comenzó a experimentar fricciones. Amelia, aunque comprometida con el mensaje y liderazgo de José, comenzó a sentirse cada vez más distante de él. Las largas horas de trabajo y su enfoque en la comunidad a menudo la hacían sentir desatendida.

No obstante, Amelia era consciente de la importancia del trabajo de José y de su papel en la comunidad, por lo que intentaba mantener sus preocupaciones para sí misma. Las tensiones crecían a medida que la brecha entre ellos se ensanchaba, y las noches se volvían cada vez más solitarias.

José, por su parte, estaba atrapado en un dilema. Su creciente papel como líder espiritual y el atractivo misterio que rodeaba al Eco de la Gracia lo mantenían ocupado en cuerpo y mente. Las manifestaciones sobrenaturales en la comunidad aumentaban la presión sobre él, ya que los miembros esperaban liderazgo y guía en estas cuestiones.

A medida que José se adentraba en un mundo cada vez más espiritual y sobrenatural, su conexión con la realidad cotidiana se debilitaba. No podía evitar sentir que dos fuerzas tiraban de él en direcciones opuestas: su deber hacia la comunidad y su compromiso con su familia.

El ambiente en su hogar se volvía tenso y cargado de emociones reprimidas. Las noches en las que José regresaba después de largas jornadas de trabajo se llenaban de silencios incómodos y miradas que transmitían tanto amor como resentimiento.

A pesar de los desafíos que enfrentaban, José y Amelia seguían siendo una pareja comprometida, pero el abismo entre ellos continuaba creciendo. Ambos anhelaban respuestas y soluciones, pero estaban atrapados en una encrucijada emocional y espiritual de la que no sabían cómo salir.

En una tarde común en la oficina del Eco de la Gracia, José se encontraba absorto en la preparación de su próximo sermón. La atmósfera en la sala estaba cargada de tensión; las paredes parecían retumbar con la energía inquietante que se había apoderado de su hogar. Mientras repasaba las escrituras y reflexionaba sobre las palabras que compartiría con la congregación, su mente divagaba hacia los problemas no resueltos en casa.

Alejandra, la nueva secretaria, observaba a José desde su escritorio, percibiendo la preocupación que oscurecía sus ojos. Se había convertido en una presencia silenciosa y comprensiva en la vida de José, y aunque sabía que no era su lugar preguntar sobre los asuntos personales de su jefe, no pudo evitar notar el cambio en su comportamiento.

Cada vez que sus miradas se cruzaban, Alejandra veía en los ojos de José una mezcla de tristeza y determinación. Estaba claro que algo no estaba bien en su mundo, pero ella se mantenía en silencio, respetando su privacidad mientras se preguntaba si había algo que pudiera hacer para ayudar.

Los días pasaban y la tensión en la oficina aumentaba. José, a pesar de su dedicación al trabajo, parecía estar en dos lugares al mismo tiempo: físicamente presente en la oficina, pero mental y emocionalmente ausente. Las palabras que solía pronunciar con pasión desde el púlpito ahora sonaban vacías incluso para él mismo, pues su mente estaba ocupada con los problemas sin resolver en su hogar.

Una tarde, mientras ambos estaban solos en la oficina después de que los demás se habían ido, Alejandra decidió romper el silencio que se había interpuesto entre ellos. Con una voz suave y comprensiva, preguntó: "José, sé que no es mi lugar, pero he notado que llevas un peso en tus hombros. Si alguna vez necesitas hablar, estoy aquí para escucharte".

José la miró, sus ojos revelando una mezcla de gratitud y angustia. Agradeció su ofrecimiento con una sonrisa forzada y asintió, pero en su interior, la tormenta emocional que lo consumía estaba lejos de calmarse. La presión de sus responsabilidades, tanto en casa como en la comunidad, lo estaba llevando al límite y, por más que quisiera, no sabía cómo liberarse de las cadenas que lo ataban.

En una noche oscura, José se sentó en su estudio con una pluma temblorosa en la mano, decidido a expresar las inquietudes que lo atormentaban en forma de palabras como para un sermón. Su mente estaba llena de imágenes de la congregación, cada uno con sus propias luchas y desafíos, y él mismo, arrastrando el peso de las expectativas y las responsabilidades.

"Los hemos visto de rodillas", comenzó a escribir, las palabras fluyendo como un río de emociones contenidas. "En esos momentos de desesperación cuando la fe se tambalea y el mundo parece demasiado pesado para cargar. Las lágrimas caen como oraciones silenciosas, buscando respuestas en el silencio de la noche."

"Sentados o de cuclillas", continuó, pensando en las personas de la comunidad que, a pesar de sus esfuerzos, a veces se encontraban en posición de vulnerabilidad. "En los momentos de reflexión, cuando la duda se cierne como una sombra y la fe se mezcla con la incertidumbre. Nos enfrentamos a nuestras propias limitaciones, a nuestras propias fallas, y nos preguntamos si somos lo que pretendemos ser."

"Parados dando lecciones", escribió con determinación. "En el púlpito, con la Biblia en la mano y la esperanza en el corazón. Brindamos lecciones de amor y gracia, pero ¿cuánto de eso llevamos con nosotros fuera de estas paredes sagradas? ¿Cuántas veces olvidamos practicar lo que predicamos?"

"En todas las posiciones", murmuró para sí mismo mientras escribía. "Porque la vida nos coloca en diversas posiciones, tanto física como emocionalmente. Nos enfrentamos a desafíos de rodillas, experimentamos momentos de reflexión sentados y asumimos roles de liderazgo de pie. Pero en cada posición, debemos recordar la humanidad que compartimos, las luchas que todos enfrentamos y la necesidad de compasión mutua."

"Predicando en las iglesias", concluyó finalmente, sintiendo un alivio momentáneo al plasmar sus pensamientos en papel. "Dentro y fuera de estas paredes sagradas, en cada rincón de nuestras vidas, debemos predicar con el ejemplo. No con palabras vacías, sino con acciones genuinas. Solo entonces, quizás, podamos encontrar la verdadera paz y llevarla a quienes nos rodean."

Al terminar de escribir, José sintió un peso levantarse de sus hombros. Había puesto en palabras las tormentas internas que lo habían estado consumiendo. Ahora, solo esperaba que estas palabras pudieran tocar los corazones de aquellos que las escucharan, que pudieran encontrar resonancia en las almas de la congregación y, quizás, iluminar el camino hacia la comprensión mutua y la verdadera paz.

Me acuerdo del aire de aquel domingo estaba cargado de tensión cuando José se acercó a la comunidad del Eco de la Gracia. Las discusiones vagas con Amelia que había tenido por la mañana aún resonaban en su mente, creando nubes oscuras en su ánimo. Cada palabra del sermón parecía pesar como plomo en su garganta, dificultando su expresión habitual llena de pasión y esperanza.

Cuando llegó a la comunidad, Alejandra, con su sonrisa cálida y ojos comprensivos, notó al instante la inquietud en el rostro de José. Se acercó con un gesto de preocupación genuina y le ofreció unas palabras de ánimo. José, agradecido por su gesto amable, aceptó el apoyo con aprecio sincero. Sin embargo, algo en la forma en que lo miraba, en la manera en que le ofrecía consuelo, provocó una incomodidad profunda en su ser.

Mientras predicaba, los ojos de José se encontraban con los de Alejandra de vez en cuando. Cada mirada intensificaba su incomodidad. Comenzó a preguntarse si las palabras amables de Alejandra eran genuinas o si eran una fabricación de su mente, una ilusión creada por su propio desasosiego.

Durante el sermón, mientras hablaba de amor y confianza, José se encontraba dividido entre las palabras que salían de su boca y las dudas que albergaba en su corazón. La congregación estaba absorta en sus enseñanzas, pero él se sentía como un actor en un escenario, representando un papel que ya no le pertenecía por completo.

Al final del día, mientras se retiraba de la comunidad, la mirada de Alejandra seguía persiguiéndolo en sus pensamientos. Se encontraba en un torbellino de emociones confusas, preguntándose si debía confrontar esas sospechas o si todo era simplemente producto de su propia imaginación atormentada. En su lucha interna, José se aferraba a la esperanza de que el próximo domingo, encontraría la claridad que tanto anhelaba en su alma inquieta.

Días después, José se encontraba listo para partir al congreso, un evento que prometía ser una experiencia enriquecedora para su trabajo en el Eco de la Gracia. Antes de salir, Alejandra se acercó a él y le entregó una corbata con un gesto amable. José la aceptó con gratitud, sin darse cuenta de las intenciones detrás de ese pequeño obsequio.

Durante los días del congreso, las miradas de admiración de otras personas hacia José no pasaron desapercibidas por Alejandra. Al regresar a casa, José se encontró con una Amelia visiblemente celosa. Las sospechas de su esposa se manifestaron en un aire tenso que flotaba en el hogar.

Amelia, al observar la corbata que José llevaba puesta, hizo un comentario sarcástico sobre el buen gusto de Alejandra para elegir accesorios. José, desconcertado por la acusación implícita, trató de calmar las preocupaciones de su esposa, explicando que el gesto de Alejandra había sido simplemente amistoso y nada más.

A medida que los días pasaban, la tensión entre José y Amelia se intensificaba. Cada vez que José mencionaba algo relacionado con el congreso o con su trabajo en la comunidad, Amelia parecía interpretarlo como una prueba adicional de su supuesta infidelidad. La desconfianza se convirtió en un muro entre ellos, oscureciendo la intimidad que una vez compartieron.

Mientras tanto, Alejandra continuaba siendo parte activa en la comunidad del Eco de la Gracia, su presencia ahora envuelta en un aura de ambigüedad que solo profundizaba la confusión y el conflicto en el corazón de José. Cada mirada, cada gesto, estaba cargado de significados ocultos y sospechas no expresadas. La vida de José se encontraba atrapada en un laberinto de emociones, donde la verdad parecía inalcanzable y la confianza, un lujo del pasado.

Los problemas entre José y Amelia persistían, creando grietas cada vez más profundas en su relación. La desconfianza oscurecía cada interacción, mientras la presencia de Alejandra en sus vidas seguía siendo un misterio no resuelto. Daniel, el hijo de José y Amelia, comenzó a notar el distanciamiento entre sus padres. Aunque intentaban protegerlo de su creciente tensión, no podían evitar que afectara su hogar.

En medio de esta tormenta emocional, José se refugiaba en su trabajo en el Eco de la Gracia. Cada domingo, se esforzaba por presentar sus sermones con pasión y dedicación, tratando de mantener la apariencia de normalidad para la comunidad. Sin embargo, su mente estaba constantemente dividida, sus pensamientos errantes entre las palabras del sermón y las turbias aguas de su vida personal.

El descuido hacia Daniel se volvía evidente. El niño, sintiéndose cada vez más abandonado, buscaba consuelo en los rincones silenciosos de la casa. La risa infantil que una vez llenó los pasillos se desvanecía gradualmente en un eco melancólico. Amelia, consumida por su propia angustia, encontraba difícil comunicarse con José sobre las necesidades emocionales de su hijo.

Mientras tanto, las sospechas sobre Alejandra persistían en la mente de José, creando una sombra constante en su relación con su secretaria y en su vida familiar. A pesar de sus esfuerzos por negar cualquier sentimiento fuera de lo profesional, las dudas seguían acechándolo como fantasmas en la oscuridad.

La comunidad del Eco de la Gracia, ajena a los problemas internos de la familia de su líder, continuaba creciendo, ajena al drama que se desarrollaba tras bastidores. Cada sermón de José resonaba con elocuencia, pero su voz estaba empañada por la tristeza y la confusión. Mientras tanto, en su hogar, la tensión se volvía insoportable, creando un ambiente envenenado que amenazaba con desgarrar la familia que alguna vez fue unida y feliz.

José se hundió en una oscuridad profunda, su espíritu abatido por la confusión y el dolor. Las sombras de la depresión se cernían sobre él, envolviéndolo en un manto de tristeza y desesperación. Cada día se convertía en una batalla contra sus propios pensamientos, una lucha interminable en la que se cuestionaba a sí mismo y a las personas que alguna vez amó.

En su rostro, la gente notaba el rastro de la tormenta que rugía dentro de él. La chispa que solía iluminar sus ojos se había desvanecido, reemplazada por una mirada vacía y perdida. Los miembros de la comunidad murmuraban entre ellos, preocupados por el cambio en su líder, por el hombre que solía ser un faro de esperanza y fe.

La desilusión en su matrimonio pesaba como una losa sobre su corazón. Amelia, también herida por la situación, se encontraba en una encrucijada emocional. La comunicación entre ellos se desmoronaba, dejando un abismo insuperable. La familia, que alguna vez fue el núcleo de su felicidad, se despedazaba lentamente.

En la comunidad, la inquietud se apoderaba del Eco de la Gracia. Las enseñanzas de José, una vez llenas de pasión y convicción, ahora sonaban huecas y vacías. La gente empezaba a cuestionar, a buscar respuestas que su líder ya no podía proporcionar. La fe se tambaleaba, y con ella, la estabilidad de la comunidad que José construyó con tanto esfuerzo.

Las noches se volvían más largas para José, llenas de insomnio y pensamientos tumultuosos. En la penumbra de su habitación, se encontraba solo con sus miedos y angustias, sin encontrar consuelo en ningún lado. La esencia de quien solía ser se desvanecía lentamente, dejando detrás a un hombre roto y perdido en un mar de emociones tumultuosas.

Todo llegaría a un pozo sin salida, cuando José vuelve a salir a un congreso donde fue invitado, pero en esta ocasión tendría que acompañarlo su esposa, pero por alguna razón, no pudo, y es entonces donde José le pide a Alejandra que lo acompañe al evento, serian unos días, y se quedarían en habitaciones separadas, a lo cual accede, pero se pondría muy intenso mientras iban en el avión rosarían sus manos y sentirían algo extraño ambos.

El avión se elevaba en el cielo, llevando consigo a José y Alejandra hacia un destino incierto. En el silencio de la cabina, sus manos se encontraron, creando una conexión que iba más allá de las palabras. Una corriente eléctrica parecía pasar entre ellos, cargada de emociones complicadas y deseo reprimido.

Los días en el congreso transcurrían en una nebulosa de conferencias y charlas, pero las mentes de José y Alejandra estaban en otra parte. Las miradas furtivas, los roces accidentales de sus manos y las conversaciones que se volvían cada vez más personales creaban un lazo delicado pero irrompible entre ellos. La tensión en el aire era palpable, como una tormenta a punto de desatarse.

En una noche estrellada, mientras paseaban por los jardines del lugar donde se celebraba el congreso, la barrera entre la amistad y algo más se desvaneció. Bajo la luz de la luna, se encontraron en un beso apasionado, un momento robado en medio de la oscuridad. Fue un pacto silencioso, un acuerdo entre dos almas perdidas que encontraron consuelo en los brazos del otro.

Pero cada beso estaba cargado de culpa y remordimiento. José sabía que estaba traicionando su matrimonio y su comunidad, y Alejandra era consciente del peso de su complicidad. A medida que los días avanzaban, la intensidad de su relación aumentaba, pero también lo hacía la carga de su conciencia.

Al regresar a casa, ambos llevaban consigo el recuerdo de esos momentos robados, pero también el peso del secreto que compartían. La vida en la comunidad siguió su curso, pero dentro de ellos crecía una tormenta emocional que amenazaba con destruirlo todo. Cada mirada furtiva, cada palabra compartida en privado, los empujaba más cerca del abismo, hacia un territorio peligroso del cual no había retorno.

El peso de la culpa y la pasión prohibida se volvieron demasiado intensos para José y Alejandra. Después del congreso, se encontraban a escondidas, en lugares lejanos de la comunidad donde nadie los descubriría. Cada encuentro era una mezcla de desesperación y éxtasis, una forma de escapar de la realidad que los ataba.

José, en un intento de calmar su conciencia, se sumía en la frialdad de su matrimonio con Amelia. Se distanciaba de ella, tanto emocional como físicamente, buscando justificación para sus acciones en la falta de comprensión de Amelia hacia él. La intimidad entre ellos se desvaneció, convirtiéndose en un recuerdo lejano de lo que solían ser.

Amelia, por otro lado, sentía el cambio en José. Sus intentos de acercarse a él eran rechazados, y su relación se volvía cada vez más frágil. Sus noches juntos se volvieron solitarias y carentes de pasión, mientras José encontraba consuelo en los brazos de Alejandra. La comunicación se rompió, dejando un abismo emocional entre ellos.

La comunidad, ajena a las luchas internas de José y Amelia, continuaba su rutina diaria. Las palabras de José desde el púlpito resonaban con fuerza, pero su propia vida familiar se desmoronaba en silencio. Cada sermón que predicaba estaba manchado por la hipocresía de sus acciones secretas, una dualidad que lo atormentaba en cada palabra pronunciada.

Mientras tanto, José y Alejandra seguían encontrándose en la penumbra, entregándose el uno al otro en un intento desesperado de encontrar consuelo en medio del caos. Pero cada susurro compartido y cada caricia robada solo aumentaban la confusión y la angustia en sus corazones. En su desesperación, se aferraban el uno al otro, sin darse cuenta de que su relación prohibida los llevaba cada vez más cerca del abismo.

José, sintiéndose abrumado por el peso de sus acciones y la creciente tensión en su hogar, decidió apartarse por un tiempo de la comunidad. Buscaba soluciones en la paz del retiro espiritual, un tiempo de introspección para enfrentar las verdades incómodas que había estado evitando. Se adentró en la soledad de la naturaleza, buscando respuestas en la quietud de su entorno.

Durante su retiro, José se sumió en la meditación y la oración, tratando de encontrar claridad en medio del caos emocional que lo consumía. Las noches estrelladas y los días tranquilos se convirtieron en su refugio, donde luchaba por reconciliar sus deseos con sus responsabilidades familiares y su posición en la comunidad.

Amelia, por otro lado, quedó atrás, tratando de entender la nota que había encontrado y las palabras hirientes que había leído. La confusión y el dolor la consumían mientras intentaba descifrar el significado detrás de esas frases provocativas. Se preguntaba si había algo más detrás de la aparente distancia emocional que había crecido entre ella y José.

En el retiro, José se enfrentó a sus propios demonios internos. Reflexionó sobre sus elecciones, sobre cómo había llegado a este punto en su vida. La sombra de la culpa lo persiguió en cada momento de silencio, recordándole el daño que había causado a su familia y a sí mismo. Durante horas interminables, luchó con sus emociones encontradas, tratando de entender qué significaban sus acciones y cómo podría encontrar redención.

Mientras tanto, Amelia buscaba respuestas por su cuenta. Investigaba en silencio, tratando de descubrir si había alguna verdad detrás de las palabras ambiguas que había encontrado. Sus noches se llenaron de preguntas sin respuesta y su corazón anhelaba una conexión perdida con José.

El retiro de José se convirtió en un viaje interno profundo y doloroso. Cada momento de soledad se llenaba con el eco de sus pensamientos, mientras luchaba por encontrar una salida de este laberinto emocional. Sin embargo, a medida que los días pasaban y la paz del entorno natural lo rodeaba, comenzó a vislumbrar una senda hacia la redención, una forma de enfrentar las consecuencias de sus acciones y encontrar una manera de sanar las heridas que había causado.

A su regreso de su retiro espiritual, José llevó consigo un cambio profundo en su interior. Había encontrado una medida de claridad y una dirección para abordar las difíciles circunstancias en su vida. Se dio cuenta de que debía enfrentar las consecuencias de sus acciones y sanar las heridas que había infligido a su familia y a sí mismo.

Lo primero que hizo fue buscar una conversación sincera con Amelia. Sentados juntos en la tranquilidad de su hogar, José admitió sus errores y le explicó sus pensamientos y sentimientos confusos que habían llevado a su distanciamiento. Amelia, aunque herida y confundida, apreció la honestidad de José. Fue el primer paso hacia la reconstrucción de su relación.

En la comunidad, José decidió abordar la situación de frente. Durante uno de sus sermones, habló abiertamente sobre las luchas internas, las tentaciones y la importancia de la redención. Su sinceridad conmovió a muchos en la congregación, y algunos se sintieron inspirados a confrontar sus propias luchas personales.

Con el tiempo, José y Amelia buscaron asesoramiento en consejería familiar para ayudar a sanar su relación. Fue un proceso difícil y emocional, pero ambos estaban comprometidos a reconstruir su matrimonio y fortalecer su familia.

Mientras tanto, la comunidad El Eco de la Gracia siguió creciendo. José se convirtió en un líder aún más respetado debido a su honestidad y su capacidad para enfrentar sus propias imperfecciones. Su mensaje de redención y perdón resonó profundamente en los corazones de los miembros de la congregación, y la comunidad se fortaleció a medida que más personas se unieron en su búsqueda de un camino espiritual y una vida más plena.

La vida siguió adelante, con altibajos, pero José y Amelia continuaron su viaje juntos, aprendiendo a reconstruir su relación y enfrentar las adversidades con fortaleza y comprensión. La comunidad El Eco de la Gracia se convirtió en un faro de esperanza y redención para aquellos que buscaban sanar sus heridas y encontrar un sentido más profundo en la vida.

En una tranquila tarde, Amelia estaba revisando algunos documentos en el escritorio de José cuando encontró una carta, escondida cuidadosamente entre los papeles. La carta estaba dirigida a José y llevaba el aroma familiar del perfume de Alejandra. Amelia, sintiendo una punzada de ansiedad, comenzó a leerla, esperando encontrar alguna explicación racional para su presencia en la vida de José.

A medida que leía las palabras escritas con pasión por Alejandra, el mundo de Amelia se desmoronó a su alrededor. La carta revelaba un romance clandestino que había estado floreciendo en las sombras, incluso después de que José regresara de su retiro espiritual. Amelia sintió como si su corazón hubiera sido destrozado en mil pedazos. La confianza que habían estado tratando de reconstruir se desvaneció en un instante.

Amelia confrontó a José con la carta en la mano, su voz temblorosa por la mezcla de dolor y enojo que sentía. José, enfrentado con la verdad, no pudo negar lo que había sucedido. Se disculpó, con lágrimas en los ojos, admitiendo su debilidad y su falta de integridad. Amelia, devastada, decidió tomar un tiempo para reflexionar sobre su matrimonio y lo que realmente quería para su futuro.

Mientras tanto, en la comunidad El Eco de la Gracia, la noticia del engaño de José se propagó como un incendio forestal. La congregación, que había encontrado inspiración en la historia de redención de José, ahora se enfrentaba a la traición de su líder espiritual. Algunos se sintieron desilusionados y enojados, mientras que otros se aferraron a la creencia de que todos cometen errores y que la verdadera redención radica en enfrentar esas fallas.

José, sintiéndose abrumado por el peso de su error y el impacto en su comunidad, decidió tomar un paso audaz hacia adelante. Durante un servicio especial, admitió públicamente su traición y pidió perdón a todos los miembros de la comunidad. Fue un acto de humildad que conmovió a muchos, pero también provocó un profundo debate sobre el perdón y la confianza en el contexto de las acciones de José.

Mientras la comunidad El Eco de la Gracia intentaba sanar nuevamente, Amelia se retiró a reflexionar sobre su matrimonio y su futuro. La decisión que tomara tendría un impacto profundo en su vida y en la comunidad que los rodeaba. Mientras tanto, José, enfrentando las consecuencias de sus acciones, se embarcó en un viaje interno para comprender las raíces de su error y encontrar una verdadera redención, esta vez, no solo para los demás, sino también para sí mismo.

Después de la tormenta emocional que sacudió la comunidad El Eco de la Gracia, el tiempo se convirtió en un sanador silencioso. La gente se aferró a la esperanza y poco a poco, la confianza comenzó a regresar. Amelia, con el tiempo, encontró la fuerza para perdonar a José. A medida que su relación se curaba, se dieron cuenta de que enfrentar y superar la traición había fortalecido su unión. Juntos, decidieron seguir adelante, aprendiendo de los errores del pasado y comprometiéndose a construir un matrimonio más sólido.

Alejandra, por otro lado, había cambiado profundamente después de la revelación. Si bien seguía trabajando con José, su relación se transformó en una amistad profesional respetuosa y distante. Aprendió de las consecuencias de sus acciones y se esforzó por crecer como persona.

La comunidad también se benefició de esta experiencia transformadora. La transparencia y el perdón que se mostraron en los días oscuros fortalecieron los lazos entre los miembros. La gente aprendió a apoyarse mutuamente en tiempos difíciles y a celebrar las victorias juntos. La comunidad se convirtió en un refugio seguro donde las personas podían ser vulnerables sin temor al juicio.

José, durante este tiempo, se dedicó a reconstruir la confianza perdida. No solo continuó con sus deberes como líder espiritual, sino que también se comprometió a ayudar a otros que enfrentaban desafíos similares. Se convirtió en un consejero respetado, brindando orientación y apoyo a aquellos que luchaban con la infidelidad y la reconciliación.

A medida que los meses pasaban, la comunidad El Eco de la Gracia floreció de maneras que nadie hubiera imaginado. Se convirtió en un faro de esperanza y sanación para todos los que la conocían. La historia de redención de José, aunque marcada por la traición y el dolor, se convirtió en un testimonio poderoso de cómo el amor, la compasión y el perdón pueden superar incluso las pruebas más difíciles.

Y así, en medio del perdón y la aceptación, la comunidad y sus líderes continuaron su viaje juntos, recordando siempre las lecciones aprendidas de las sombras del pasado mientras miraban hacia un futuro lleno de esperanza y renovación.

La llegada de Dana a la comunidad fue recibida con una mezcla de sorpresa y cautela. Aunque su presencia era amable y cordial, los recuerdos del pasado seguían frescos en la mente de José y Amelia. Al verla de nuevo, José sintió una sensación incómoda y extraña que no pudo ignorar. Los ojos de la niña, fruto de aquella noche turbulenta en el congreso, parecían guardar secretos aún no revelados.

Amelia, por su parte, trató de mantener la compostura y saludó a Dana con cortesía, pero también con una pizca de desconfianza en sus ojos. Se preguntaba qué significaba esta visita inesperada y si traía consigo algún mensaje oculto.

José, a pesar de su incomodidad, decidió enfrentar la situación. Se acercó a Dana con una sonrisa forzada y le dio la bienvenida a la comunidad. Sin embargo, no pudo evitar sentir que algo estaba a punto de desvelarse, algo que podría poner en peligro la paz frágil que habían logrado construir.

Durante la interacción, Dana mantuvo su compostura y habló de temas triviales, pero en sus ojos había una chispa de intriga. Parecía estar evaluando la situación, midiendo cada palabra y gesto. José y Amelia, conscientes de esta delicada danza de palabras no dichas, decidieron mantenerse alerta y preparados para cualquier eventualidad.

La presencia de Dana y la niña planteaban preguntas sin respuesta. ¿Qué quería Dana? ¿Por qué había decidido aparecer en sus vidas después de tanto tiempo? Y lo más importante, ¿qué papel desempeñaba la niña en todo esto? Las respuestas seguían siendo un enigma, y José y Amelia se encontraban nuevamente en medio de un misterio que amenazaba con perturbar la paz recién encontrada en su familia y en la comunidad. Amelia cordialmente los invita a comer a la casa a Dana y su hija, pero José se sentía incomodo, algo no le gustaba

La cena transcurrió en medio de conversaciones educadas y sonrisas forzadas. Amelia, siempre la anfitriona perfecta, trató de mantener un ambiente agradable, pero la tensión era palpable en el aire. Dana, con su sonrisa enigmática, intentaba romper esa barrera invisible que se había erigido en la mesa. En un momento, mientras todos estaban ocupados en la charla, intentó tocar la pierna de José de manera sugestiva, buscando despertar algo que había quedado en el pasado. Sin embargo, José no tardó en apartar su mano con firmeza, mostrando su desaprobación y marcando límites claros.

La cena continuó, pero José se sintió cada vez más incómodo. La presencia de Dana y su intento de provocación habían dejado una huella desagradable en su mente. Después de las despedidas educadas, José decidió retirarse abruptamente de la casa. Se disculpó con Amelia y se marchó, necesitando alejarse de la situación para procesar lo que acababa de suceder.

Una vez fuera, José respiró profundamente, tratando de calmar su mente agitada. Se sentía atrapado en una red de emociones complejas:

ira, confusión y, sobre todo, miedo. No sabía qué juego estaba jugando Dana ni qué pretendía con sus insinuaciones. Temía que su presencia pudiera desestabilizar la paz que había logrado encontrar en su hogar y en su matrimonio con Amelia.

Mientras caminaba por las oscuras calles de la comunidad, José reflexionó sobre cómo enfrentar este nuevo desafío. Sabía que debía proteger a su familia y a sí mismo de cualquier amenaza, pero también entendía que enfrentar a Dana de manera directa podría avivar las llamas de un conflicto que preferiría evitar. En su mente, se formó un plan para abordar la situación con cuidado y sabiduría, dispuesto a proteger lo que tanto le había costado construir.

Las palabras resonaban en la mente de José como un eco inquietante. "Si no disfrutas, otro lo hará y no hay nada más en el futuro". Era una verdad incómoda que lo hacía confrontar sus propias inseguridades y miedos. Se encontraba atrapado en un dilema emocional, dividido entre la estabilidad de su matrimonio con Amelia y la tentación intrigante que representaba Dana.

Mientras sus pensamientos se enredaban en una maraña de deseos y responsabilidades, José se sentó en un banco solitario en el parque de la comunidad. La noche estaba tranquila, solo interrumpida por el suave murmullo del viento y el tintineo lejano de una campana de la iglesia cercana. La soledad del lugar solo intensificaba su conflicto interior.

En medio de esa oscuridad emocional, José tomó una decisión. Decidió que no permitiría que las incertidumbres y las tentaciones lo gobernaran. Se aferraría a su compromiso con Amelia y a la familia que habían construido juntos. Se levantó del banco con determinación, decidido a enfrentar cualquier desafío que se interpusiera en su camino.

Al regresar a su hogar, José encontró a Amelia esperándolo con una mirada llena de preocupación y amor. En ese momento, supo que tenía una aliada en su esposa, alguien con quien podía compartir sus temores más profundos y encontrar apoyo en los momentos difíciles. Decidió abrir su corazón y hablar con ella sobre sus miedos y las tentaciones que lo acosaban. Juntos, se comprometieron a fortalecer su relación y a enfrentar cualquier obstáculo que se interpusiera en su camino.

A medida que compartían sus pensamientos y emociones, una sensación de alivio comenzó a llenar el espacio entre ellos. Aunque sabían que el camino no sería fácil, se prometieron mutuamente luchar por su matrimonio y por el amor que compartían. En ese momento, la fuerza de su unión se fortaleció, y ambos se sintieron renovados en su determinación de superar cualquier desafío que la vida les lanzara. Juntos, se prepararon para enfrentar el futuro, sabiendo que su amor y compromiso los guiarían a través de las tormentas que pudieran surgir en el horizonte.

Pasado un tiempo donde los niños, Daniel y la hija de Dana, cuyas vidas habían estado entrelazadas desde la infancia, comenzaron a formular preguntas cada vez más curiosas sobre sus padres y su pasado. En una de esas mañanas soleadas de domingo, mientras caminaban juntos hacia la escuela dominical en la comunidad, la pequeña hija de Dana miró a Daniel con ojos llenos de intriga.

"Daniel", comenzó ella, con una expresión de misterio en su rostro, "¿alguna vez has sentido que hay secretos en nuestras familias? Como si hubiera algo más profundo que nuestros padres no nos están contando".

Daniel frunció el ceño, pensativo. "Sí, a veces siento lo mismo", admitió. "Mi papá y tu mamá parecen tener una conexión especial, algo que no entendemos del todo".

Los niños intercambiaron miradas inquisitivas, tratando de descifrar el enigma que parecía rodear a sus padres. Mientras tanto, Alejandra, la maestra de la escuela dominical y secretaria de la comunidad, observaba atentamente la interacción entre los niños. Aunque intentaba ocultarlo, una sombra de preocupación cruzó su rostro. Sabía que los niños estaban en el umbral de descubrir algo que había permanecido oculto durante mucho tiempo.

Con el paso de las semanas, la curiosidad de los niños creció. Comenzaron a investigar discretamente, buscando pistas en los rincones más oscuros de la comunidad. Se encontraron a sí mismos observando las interacciones entre sus padres con ojos agudos y sospechosos.

Un día, mientras jugaban en el jardín de la comunidad, los niños presenciaron una conversación intensa entre sus padres. No entendían todas las palabras, pero captaron la gravedad del momento. Daniel miró a la hija de Dana y asintieron con complicidad, decididos a descubrir la verdad que sus padres habían estado guardando celosamente.

La comunidad, que una vez había sido un refugio de paz y serenidad, ahora estaba impregnada de un aura de misterio y tensión. Las vidas de los habitantes estaban entrelazadas en una red de secretos y revelaciones pendientes, creando un ambiente cargado de expectación y ansiedad.

En medio de esta intriga creciente, los niños continuaron su búsqueda de respuestas, sin darse cuenta de que estaban a punto de desentrañar los hilos de un pasado largo tiempo oculto, un pasado que cambiaría para siempre la dinámica de la comunidad y de sus propias vidas.

Una tarde, mientras jugaban en el bosque cercano, Daniel y la hija de Dana encontraron un rincón apartado donde pudieron hablar sin temor a ser escuchados. Se sentaron en un tronco caído, con la mirada llena de determinación.

"Daniel, he estado pensando", comenzó la niña, mirando al horizonte como si tratara de encontrar las respuestas en las sombras de los árboles. "¿Crees que nuestros padres estén escondiendo algo realmente importante?"

Daniel asintió, sus ojos reflejando la misma preocupación. "Lo creo. He escuchado murmullos y susurros cuando creen que los niños no estamos cerca. Algo grande está sucediendo, algo que nos han estado ocultando".

La niña frunció el ceño, profundamente intrigada. "¿Y si intentamos descubrirlo por nosotros mismos? Quizás podríamos encontrar pistas, algo que nos indique qué está pasando realmente".

Ambos niños asintieron en silencio, sellando un pacto implícito para descubrir la verdad detrás de los secretos que envolvían a sus familias. Decidieron observar de cerca las interacciones entre sus padres, buscando cualquier gesto o palabra que pudiera darles una pista sobre el misterio que rodeaba a la comunidad.

En las noches, cuando la comunidad estaba en silencio y todos dormían, los niños se aventuraban fuera de sus casas para espiar las reuniones nocturnas de los adultos. Se escondían detrás de los arbustos, captando fragmentos de conversaciones que sus padres creían privadas.

Unas semanas después, mientras se encontraban escondidos cerca de la iglesia, escucharon un intercambio de palabras entre sus padres que los dejó atónitos.

"Debemos decírselo", dijo la voz de la madre de Daniel, temblorosa pero llena de determinación. "Ya no podemos ocultar la verdad".

La voz del padre de la niña respondió, también cargada de emoción. "Tienes razón. Los niños merecen saber la verdad, aunque sea dolorosa. Es hora de enfrentar las consecuencias de nuestros actos".

Los niños se miraron, sus corazones latiendo con fuerza mientras absorbían las palabras de sus padres. Sabían que algo trascendental estaba a punto de suceder, algo que cambiaría sus vidas y la comunidad para siempre.

Daniel observó una fotografía con los ojos entrecerrados, tratando de comprender la escena que se desarrollaba frente a ellos. En la imagen, José y Dana estaban abrazados, sus rostros iluminados por sonrisas genuinas. Era un gesto de cariño, pero los niños lo miraron con una intensidad que iba más allá de la simple curiosidad.

La hija de Dana señaló la imagen y preguntó en voz baja: "¿Crees que nuestros padres están enamorados el uno del otro?"

Daniel frunció el ceño, contemplando la foto con una mezcla de asombro y confusión. "No lo sé. Pero parece que hay algo más entre ellos que solo amistad".

La niña asintió, perdida en sus pensamientos. "A veces me pregunto si el amor es algo real o simplemente una ilusión que la gente se cuenta a sí misma para encontrar sentido en la vida".

Daniel la miró, sorprendido por la profundidad de su observación. "Es una pregunta interesante. el amor es el único sentido del que somos capaces de comprender, y, sin embargo, es una ilusión efímera que nos lleva a enfrentar la absurdidad de la existencia".

La niña asintió, absorta en sus pensamientos filosóficos. "Entonces, ¿crees que nuestros padres están buscando ese sentido en sus vidas a través de su relación?"

Daniel suspiró, sintiendo el peso de la incertidumbre en sus hombros. "Quizás. O tal vez están atrapados en una ilusión, una búsqueda interminable de significado en un mundo que carece de respuestas definitivas".

Los niños se quedaron en silencio, contemplando la fotografía con una mezcla de fascinación y melancolía. En ese momento, se dieron cuenta de que, incluso los adultos, estaban perdidos en la misma búsqueda de significado que ellos. La vida era un constante enfrentamiento con la absurdidad, y el amor, aunque efímero y a menudo confuso, era el único faro en medio de la oscuridad existencial.

Se miraron el uno al otro, compartiendo un entendimiento silencioso mientras continuaban contemplando la imagen, sabiendo que estaban unidos por algo más grande que sus propias vidas individuales: la búsqueda eterna de significado en un universo aparentemente indiferente.

Así, en medio de la incertidumbre, encontraron un pequeño consuelo en la compañía del otro, un recordatorio de que, incluso en la absurdez de la vida, la conexión humana podía ofrecer un destello de sentido en un mundo sin respuestas definitivas.

Alejandra se acercó sigilosamente, su mirada cayendo sobre la fotografía antes de que los niños pudieran esconderla. Su expresión de asombro se desvaneció rápidamente, reemplazada por una mezcla de sorpresa y pesar.

"¿Qué están haciendo con esta foto?", preguntó, su voz apenas un susurro.

Daniel y la hija de Dana intercambiaron miradas nerviosas antes de que Daniel respondiera vacilante: "Solo estábamos hablando sobre ella. Nos preguntábamos qué significaba".

Alejandra tomó la foto entre sus manos, sus ojos escudriñando la imagen como si pudiera encontrar alguna respuesta en los rostros sonrientes de José y Dana. Un nudo se formó en su garganta mientras las piezas del rompecabezas empezaban a encajar en su mente. No sabía nada sobre esta relación pasada entre José y Dana, y la revelación la dejó sintiéndose vulnerable y desconcertada.

"Yo... no sabía", murmuró, su voz temblorosa. "No tenía idea de que alguna vez estuvieran tan cercanos".

Los niños intercambiaron miradas inquietas, conscientes del impacto de sus palabras. La hija de Dana se adelantó con cautela: "Lo siento, no quisimos herir tus sentimientos".

Alejandra forzó una sonrisa, tratando de ocultar su turbación. "No se preocupen. Solo me tomó por sorpresa, eso es todo".

Pero a medida que observaba la foto, una mezcla de emociones la invadió. Había algo en la forma en que José y Dana se abrazaban, algo que sugería una conexión profunda y complicada. Se preguntó si esto tenía algo que ver con la tensión que había sentido entre ellos últimamente.

"Creo que deberíamos hablar con sus padres sobre esto", dijo Alejandra finalmente, su tono firme a pesar de su confusión interna. "Ellos merecen saber lo que hemos descubierto".

Los niños asintieron en silencio, sintiendo el peso de la verdad que habían descubierto. Mientras se dirigían hacia los adultos para compartir su hallazgo, Alejandra luchó por comprender las implicaciones de esta revelación. Una ola de incertidumbre la envolvió mientras se enfrentaba a un futuro incierto, preguntándose cómo esta nueva información cambiaría su relación con José y, por extensión, con la comunidad que tanto amaba.

En la tranquila oficina de la comunidad, Alejandra miró a José con ojos inquisitivos. La pregunta ardía en su interior y necesitaba respuestas. "José", comenzó, su voz temblando apenas perceptible, "he descubierto esa foto de ti y Dana. ¿Qué significa todo esto? ¿Hay algo entre tú y ella que necesito saber?"

José se quedó en silencio por un momento, sus ojos buscando los de Alejandra como si pudieran encontrar la respuesta en ellos. Finalmente, suspiró y se sentó detrás de su escritorio. "Alejandra, eso fue parte de mi pasado, un tiempo antes de conocerte. Dana y yo tuvimos una conexión complicada en el pasado, pero eso quedó atrás mucho antes de que tú y yo nos conociéramos. No hay nada entre nosotros ahora".

A pesar de las palabras tranquilizadoras de José, Alejandra no pudo evitar sentir una punzada de inseguridad. "Pero, ¿por qué nunca me lo contaste? ¿Por qué ocultaste esto?"

José bajó la mirada, apretando las manos sobre el escritorio. "Lo siento, Alejandra. No lo mencioné porque era una parte de mi vida que quería olvidar. Fue un tiempo difícil y doloroso para mí, y cuando tú y yo nos conocimos, quería enfocarme en nuestro presente y futuro juntos".

Alejandra asintió lentamente, tratando de procesar la información. Aunque entendía las razones de José para no hablar de su pasado, no podía evitar sentirse herida por la omisión. "Necesito tiempo para asimilar todo esto", dijo finalmente. "Necesito saber que podemos confiar completamente el uno en el otro para seguir adelante".

José asintió, sus ojos mostrando arrepentimiento. "Te entiendo, Alejandra. Haré todo lo posible para reconstruir esa confianza. Mi amor por ti nunca ha vacilado, y haré lo que sea necesario para demostrártelo".

Mientras Alejandra salía de la oficina, llevaba consigo un torbellino de emociones. Sabía que el camino por delante sería difícil, pero también sabía que el amor que compartía con José podría superar cualquier obstáculo, si ambos estaban dispuestos a enfrentar la verdad y trabajar juntos en la reconstrucción de su relación.

La conciencia de José pesaba como una losa mientras pronunciaba esas palabras reconfortantes a Alejandra. Sabía que no era completamente honesto, que su silencio ocultaba verdades incómodas. Cada sílaba que pronunciaba era una traición, no solo a Alejandra, sino también a sí mismo.

Mientras caminaba hacia su casa esa noche, los pasos de José sonaban huecos en la oscuridad. Su mente era un torbellino de pensamientos, preguntas sin respuesta y la certeza de que su vida se sostenía en una frágil red de mentiras. Se enfrentaba a una elección imposible: confesar la verdad y arriesgarlo todo, o continuar tejiendo su red de engaños y permitir que su mundo se desmoronara cuando finalmente se descubriera.

Al llegar a casa, encontró a Amelia esperándolo con una mirada inquisitiva en los ojos. Ella podía percibir la tensión en el aire, la sombra de algo no dicho. "José", comenzó, su voz

calmada pero firme, "sé que estás ocultando algo. He sentido la distancia entre nosotros crecer, y no puedo ignorarlo más. Necesitamos hablar".

La mirada penetrante de Amelia lo atravesó como una espada afilada. Sabía que no podía seguir evitando la verdad. Respiró hondo, preparándose para enfrentar las consecuencias de sus acciones. "Tienes razón, Amelia. Hay cosas que he estado ocultando, cosas que deberías saber. Pero por favor, entiende que siempre te he amado y que mi amor por ti nunca ha cambiado".

Amelia lo escuchó en silencio, sus ojos llenos de una mezcla de tristeza y determinación. Mientras José comenzaba a confesar sus mentiras, el mundo que había construido a su alrededor se desmoronaba como un castillo de naipes. Sabía que las palabras que salían de su boca eran un paso inevitable hacia la verdad, pero también eran un paso hacia lo desconocido, hacia un futuro incierto donde las consecuencias de sus acciones finalmente serían reveladas.

José exhaló profundamente antes de continuar. "Amelia, hay algo más que necesitas saber", dijo con voz temblorosa. "He tenido sospechas de que la hija de Dana podría ser... mi hija. Las fechas coinciden, y las similitudes físicas son innegables, pero nunca me atreví a confrontar esta posibilidad por miedo a lo que podría significar para nuestra familia".

Amelia lo miró con ojos abiertos de par en par, procesando lentamente las palabras de José. Un silencio pesado se cernía entre ellos mientras las implicaciones de lo que acababa de escuchar se hundían en su mente. Finalmente, rompió el silencio con una voz suave pero firme. "¿Por qué no me lo dijiste antes, José? ¿Por qué ocultaste estas sospechas?"

José bajó la mirada, incapaz de sostener la intensidad de la mirada de Amelia. "Por miedo, Amelia. Miedo de destruir lo que habíamos construido juntos. Miedo de que estas verdades cambiaran todo entre nosotros y con nuestra familia. No fue una excusa válida, lo sé, pero en ese momento parecía más fácil esconderme detrás de mis mentiras que enfrentar la posibilidad de perderlo todo".

Amelia asintió lentamente, sus ojos mostraban una mezcla de dolor y comprensión. "José, entiendo que todos cometemos errores, pero la verdad, no importa cuán dolorosa sea, siempre es mejor que vivir en la mentira. Si vamos a superar esto juntos, necesitamos enfrentar la verdad, por más difícil que sea".

José tomó la mano de Amelia, sintiendo la calidez de su piel. "Tienes razón, Amelia. Ya no puedo esconderme de la verdad ni de las consecuencias de mis acciones. Estoy dispuesto a enfrentar lo que sea necesario para enmendar mis errores y reconstruir nuestra confianza. Pero necesito tu apoyo. Necesito que estés a mi lado mientras enfrentamos juntos lo que viene".

Amelia miró a los ojos de José, encontrando una determinación genuina en su mirada. A pesar del dolor y la decepción, vio un destello de esperanza en su futuro juntos. "Estoy dispuesta a intentarlo, José, pero esto no será fácil. La confianza se ha roto y tomará tiempo y esfuerzo reconstruirla. Pero si ambos estamos comprometidos, creo que podemos superar incluso esto".

José asintió, agradecido por las palabras de Amelia. Sabía que tenían un largo camino por delante, pero por primera vez en mucho tiempo, sintió un rayo de esperanza en su corazón. Juntos, se enfrentarían a la verdad, sin importar cuán dolorosa fuera, y se esforzarían por reconstruir lo que habían perdido en el camino.

Mientras tanto José se determinaría en buscar a Dana y pedirle explicaciones del por qué sentía que se lo había ocultado, pero la historia daría un giro sorprendente al escuchar de parte de Dana una propuesta intensa e inquietante, era la propuesta de manera sigilosa" deja tu presente y formemos un nuevo hábito", la propuesta era candente al pensar dejar su familia, su credo, la comunidad y todo lo que lo rodeaba, e iniciar una nueva vida en un lugar diferente.

José se quedó atónito ante las palabras de Dana. La proposición resonaba en el aire, cargada de intensidad y peligro. En su mente, un torbellino de pensamientos y emociones luchaban por el control. Por un lado, estaba su familia, su comunidad y todo lo que había construido a lo largo de los años. Por otro lado, estaba la tentación de lo desconocido, la promesa de un nuevo comienzo, pero también la certeza de que implicaría dejar atrás todo lo que alguna vez había conocido y amado.

"Dana, esto es... es demasiado", dijo José, su voz temblorosa mientras intentaba procesar la magnitud de la propuesta. "No puedo simplemente dejarlo todo. Mi familia, mi comunidad... hay demasiado en juego".

Dana se acercó lentamente, sus ojos fijos en los de José. "Lo entiendo", dijo ella suavemente, su voz llena de comprensión y un toque de tristeza. "Sé que no es fácil, José. Pero a veces, para encontrar nuestra verdadera felicidad, necesitamos dejar ir lo que conocemos y aventurarnos hacia lo desconocido. Puede que sea aterrador al principio, pero también puede ser liberador".

José sintió una mezcla de fascinación y temor mientras contemplaba las palabras de Dana. La idea de escapar de las ataduras de su vida actual lo tentaba, pero sabía que había consecuencias profundas y duraderas para él y para su familia.

"¿Por qué yo?" preguntó José, su voz apenas un susurro. "¿Por qué me propones esto a mí? ¿Qué hay en mí que te hace pensar que estoy dispuesto a dejarlo todo por un futuro incierto?"

Dana sonrió, pero sus ojos reflejaban una tristeza profunda. "He visto tu lucha, José. He sentido tu desesperación. Y creo que hay algo en ti, algo intrépido y audaz, algo que está dispuesto a arriesgar todo por una posibilidad de verdadera felicidad. Pero esta elección es tuya y solo tuya".

José se quedó en silencio, su mente luchando con las palabras de Dana. Sabía que tenía una decisión importante que tomar, una decisión que cambiaría el curso de su vida para siempre. Mientras se enfrentaba a esta encrucijada, se preguntaba si sería capaz de dejar atrás todo lo que alguna vez había conocido en busca de un futuro incierto, o si encontraría la fuerza para enfrentar las dificultades de su presente y trabajar para restaurar lo que había perdido en su familia y en su comunidad. La decisión pendía en un delicado equilibrio, y José se encontraba en el centro de un dilema que definiría su destino.

José había entrado en una verdadera crisis, tenía el deseo interior de experimentar una nueva vida, ya no sentía pasión por lo que le representaba en la comunidad, dudaba de su relación con Amelia, y en momentos se acordaba de Alejandra, era algo extraño pero turbio a la vez, era como si José se hubiera cansado de su vida, de su personaje, de su esencia, algo le faltaba y algo en su interior le brotaba como una energía audaz por el experimentar algo que le quemaba.

José se encontraba en medio de una tormenta emocional, atrapado entre el deseo de explorar lo desconocido y el miedo a perderlo todo. Las noches se volvían inquietantes, con pensamientos intrusivos que lo llevaban por caminos oscuros y sinuosos. Había perdido el entusiasmo por su papel en la comunidad, su sermón dominical se había vuelto mecánico y carente de pasión, y su relación con Amelia estaba marcada por la distancia y la incomodidad.

En silencio, José empezó a explorar el mundo exterior de formas sutiles pero significativas. Se sumergió en libros que antes no se atrevía a leer, buscó compañía en lugares que solían estar fuera de sus límites y se encontró con personas cuyas vidas estaban tan lejos de la suya que parecían pertenecer a mundos paralelos.

Cada paso fuera de su zona de confort era como una pequeña liberación, una bocanada de aire fresco que le recordaba que había más en la vida que lo que conocía hasta ahora. Encontró consuelo en las noches estrelladas, donde mirar al cielo le recordaba la vastedad del universo y lo pequeño que era en comparación.

Amelia notó el cambio en él, la chispa que alguna vez iluminó sus ojos ahora parecía estar apagándose lentamente. Intentó hablar con él, comprender lo que lo atormentaba, pero José se cerraba, incapaz de articular las complejas emociones que lo embargaban.

La presencia de Alejandra seguía siendo un eco en su mente, un recordatorio de los momentos de tentación y deseo que compartieron en secreto. La conexión que sentían, aunque fugaz, había dejado una marca en él, una huella imborrable que se entrelazaba con su deseo de escapar de las limitaciones de su vida actual.

Y así, en las sombras de la noche, José se encontraba dividido entre dos mundos: el familiar y el desconocido. La idea de dejarlo todo atrás, de explorar lo prohibido y lo inexplorado, lo atraía como un imán irresistible. Pero también sabía que ese camino estaba lleno de incertidumbre y peligro.

En su lucha interna, José se dio cuenta de que estaba en una encrucijada, una encrucijada que definiría quién era y quién quería ser en el futuro. La decisión estaba en sus manos, y aunque temblaba ante la magnitud de su elección, sabía que no podía evitarla por mucho tiempo. El destino lo llamaba, y José se encontraba en el umbral de una nueva y desconocida aventura, con el corazón lleno de temor y emoción.

Pasaron algunos meses mientras él tenía una conducta diferente, con sus nuevas lecturas y amistades le infundían un espíritu o un aire de libertad que él no había sentido antes, todo era como una conmoción de dopamina y miles de bombas estallando en su cerebro por experimentar nuevas cosas, como la primera vez en que el alcohol hace un estrago en su cuerpo, no era extraño porque antes en su juventud lo había probado , pero el precio del fondo es muy caro , tan caro que sería la primera vez en que Amelia lo observaría llegar a casa pasado de copas, y terminaría un gran lamento de Amelia al ver donde habría caído su familia, su matrimonio, pero a José no le interesó, era más su fuerza de libertad que nada en el mundo queriendo cambiarlo.

La primera vez que José llegó a casa ebrio, el aire estaba cargado de tensión. Amelia lo miró con ojos llenos de decepción y dolor, mientras él, con una sonrisa desafiante en el rostro, apenas pudo mantenerse en pie. Era como si hubiera desatado una fuerza dentro de sí mismo que no podía contener, una sed de libertad y experiencia que lo había llevado a perder el control.

Amelia, con voz temblorosa, trató de hablar con él, de hacerlo entender las consecuencias de sus acciones. Pero las palabras de José estaban teñidas de insolencia y rebeldía. No quería escuchar razones, no quería atarse a las expectativas y limitaciones de su vida anterior.

Para él, la embriaguez era un símbolo de su nueva libertad, un grito de independencia que resonaba en cada sorbo de alcohol.

Las noches de juerga se convirtieron en una rutina, y con cada amanecer, Amelia veía a su esposo transformarse en un hombre que apenas reconocía. La casa, una vez llena de risas y amor, ahora estaba impregnada de un aire sombrío y desesperado. Los enfrentamientos entre ellos se volvieron más frecuentes, llenos de palabras hirientes y lágrimas derramadas en vano.

José estaba en una espiral descendente, pero para él, cada caída era un acto de rebeldía contra las cadenas que alguna vez lo ataron. La libertad que había anhelado tanto estaba resultando ser un camino oscuro y peligroso. A pesar del sufrimiento que causaba a su familia y a sí mismo, José no podía detenerse. La dopamina que inundaba su cerebro con cada experiencia nueva lo mantenía atrapado en una danza destructiva.

Amelia, por otro lado, se aferraba a la esperanza de que su esposo regresara a casa, que el hombre amoroso y compasivo que una vez conoció volviera a ser parte de sus vidas. Pero mientras José continuaba su búsqueda frenética de libertad, esa esperanza se desvanecía lentamente, dejando tras de sí un rastro de corazones rotos y sueños perdidos en el camino hacia lo desconocido.

A continuación, el mensaje de José de ese día tan extraño.

Hermanos y hermanas del Eco de la Gracia,

Hoy deseo compartir con ustedes una verdad profunda que todos llevamos dentro: la dualidad que existe en cada uno de nosotros. Somos seres complejos, llenos de luces y sombras, virtudes y debilidades. Es en esta dualidad donde encontramos nuestra humanidad, nuestra verdadera libertad.

A veces, tememos nuestras propias sombras, nuestros errores y nuestras luchas internas. Pero quiero recordarles que, al abrazar esas partes oscuras de nosotros mismos, encontramos la libertad verdadera. No somos perfectos, y está bien. La perfección no es el objetivo de nuestra existencia. Más bien, se trata de aceptar nuestra dualidad, nuestra capacidad de amar y de odiar, de ser fuertes y de ser vulnerables.

Al confrontar nuestras sombras, nos liberamos del peso de la autoexigencia y del juicio ajeno. Nos convertimos en seres completos, auténticos y, sobre todo, libres. La libertad no radica en negar nuestras debilidades, sino en abrazarlas con valentía. Cuando aceptamos todas las partes de nosotros mismos, nos convertimos en seres integrales y vivimos con una verdad que nos hace inquebrantables.

Así que los invito a ser verdaderamente libres, a aceptar su dualidad y a abrazarla con amor. No hay necesidad de esconderse ni de avergonzarse. Somos seres complejos y maravillosos, y es en esa complejidad donde encontramos la verdadera esencia de nuestra humanidad. Que esta verdad nos guíe hacia una libertad auténtica y nos permita vivir nuestras vidas con valentía.

Que la gracia y el amor nos acompañen siempre en este viaje hacia la verdad y la libertad.

Con gratitud y amor,

José

Parecía una utopía al ver en la comunidad sentada a Amelia en un lado, en el fondo de una de las filas a Alejandra y en una orilla de una de las bancas sentada la niña la hija de Dana.

La comunidad del Eco de la Gracia se había convertido en un crisol de vidas entrelazadas, donde las historias de cada uno se encontraban en un delicado equilibrio. José, el predicador, había experimentado su propia transformación y enfrentado su dualidad. Ahora, la congregación reflejaba esa misma dualidad en las vidas de quienes la componían.

Amelia, con su mirada reflexiva, representaba la fidelidad y la perseverancia en medio de las pruebas. Había soportado los altibajos de su matrimonio con José y había encontrado la fuerza para seguir adelante.

Alejandra, la secretaria de José, encarnaba la pasión y el deseo de experimentar una nueva vida. Aunque su relación con José había cambiado, seguía siendo parte activa de la comunidad, llevando su propia dualidad en su corazón.

La hija de Dana, la niña cuya llegada había sido un misterio en la vida de José, estaba allí como un recordatorio constante de las decisiones tomadas en el pasado. Su inocencia y curiosidad eran un reflejo de la dualidad de la vida misma, donde el pasado y el presente se entrelazaban de manera inextricable.

Y en medio de todo esto, José, el predicador, seguía compartiendo sus enseñanzas con una profunda pasión. Su mensaje sobre la dualidad y la libertad resonaba en el corazón de la comunidad, recordándoles que todos somos seres complejos, pero que encontrar la verdad y la libertad era posible.

La vida en el Eco de la Gracia había evolucionado, y cada miembro de la comunidad llevaba consigo sus propias luchas y triunfos. La dualidad seguía siendo parte de su existencia, pero ahora la enfrentaban con valentía y aceptación. En ese rincón especial, donde las historias se cruzaban y las almas buscaban respuestas, la comunidad encontraba su fuerza y su esperanza para el futuro.

En una noche oscura y silenciosa, José se encontró con Alejandra en un rincón apartado del Eco de la Gracia. Las sombras bailaban a su alrededor mientras él compartía sus pensamientos más íntimos y oscuros. Alejandra lo escuchaba atentamente, con una expresión de comprensión en su rostro.

"Las cosas han cambiado tanto, Alejandra", susurró José, su voz llena de pesar. "Siento que me estoy perdiendo en esta dualidad. Mi matrimonio con Amelia se ha vuelto un eco lejano de lo que solía ser. Ya no hay conexión física, ni emocional. Me siento atrapado entre dos mundos, sin pertenecer completamente a ninguno".

Alejandra colocó su mano con suavidad sobre la de José, transmitiéndole un apoyo silencioso. "Entiendo tu dolor, José. Todos tenemos nuestras batallas internas. Pero también tenemos el poder de elegir nuestro camino. A veces, la libertad viene con un alto precio, pero también puede llevarnos a la verdadera autenticidad".

José la miró profundamente a los ojos, buscando respuestas en su mirada comprensiva. "¿Crees que debería seguir este camino incierto? ¿Debería arriesgarme por la posibilidad de una vida más auténtica, incluso si eso significa dejar atrás todo lo que conozco?"

Alejandra sonrió con tristeza. "Solo tú puedes tomar esa decisión, José. La verdad yace en tu corazón. Pero recuerda, la autenticidad a veces requiere valentía y sacrificio. Si eliges este camino, asegúrate de hacerlo por ti mismo, no por las expectativas de los demás".

José asintió, sintiendo el peso de la responsabilidad sobre sus hombros. Sabía que se encontraba en un punto de no retorno, donde cada decisión tendría consecuencias profundas. Con un suspiro, agradeció a Alejandra por su comprensión y se retiró, llevando consigo sus pensamientos y la pesada carga de las decisiones que aún tenía que tomar. El futuro permanecía incierto, pero en su interior, José sabía que estaba en busca de su propia verdad, incluso si eso significaba enfrentar lo desconocido con valentía y determinación.

Las palabras de Alejandra resonaron en la mente de José como un eco lejano, lleno de dulzura, pero con un atisbo de amargura. La idea de abandonar la comunidad, un lugar que había sido su hogar y refugio durante tanto tiempo, le resultaba desconcertante y aterrador. Sin embargo, una chispa de liberación titilaba en su interior ante la posibilidad de un cambio radical.

"Es difícil imaginar mi vida sin este lugar", admitió José, con los ojos fijos en el horizonte nocturno. "He dedicado mi existencia a esta comunidad, a nuestras creencias y enseñanzas. Pero últimamente, todo parece haber perdido su significado".

Alejandra le dio una mirada compasiva. "La vida está llena de capítulos, José. A veces, necesitamos cerrar uno para abrir otro. Tal vez sea hora de dejar este lugar y buscar nuevas experiencias que te den alegría y significado. La felicidad auténtica no se encuentra en complacer a los demás, sino en vivir de acuerdo a nuestros deseos más profundos".

La sugerencia de Alejandra dejó a José en un mar de pensamientos turbulentos. El veneno de sus palabras radicaba en la verdad incómoda que contenían. ¿Era capaz de dejar atrás todo lo que conocía en busca de su propia felicidad? ¿Estaba dispuesto a arriesgarlo todo por una oportunidad de autenticidad?

Esa noche, mientras las estrellas titilaban en el cielo oscuro, José se sumió en una profunda reflexión. El dilema que enfrentaba era monumental y la decisión, abrumadora. Pero en su interior, una semilla de determinación comenzaba a germinar. Sabía que no podía seguir viviendo en la sombra de su propia existencia. La elección estaba en sus manos y, aunque aterradora, también era liberadora. Con cada respiración, José se preparaba para el viaje hacia lo desconocido, donde la verdad y la autenticidad lo aguardaban, dispuestas a transformar su vida de maneras inimaginables.

En el susurro de la noche, entre sombras y suspiros, José cedió a la irresistible gravedad de la pasión que ardía en su interior. Un beso, un instante efímero que contenía un universo de emociones, se desplegó como una constelación fugaz en el vasto firmamento de sus vidas. Fue un encuentro fugaz, un susurro clandestino en el silencio de la noche, donde las almas se rozaron y los destinos se entrelazaron antes de separarse en la vastedad del tiempo. Fue un momento efímero, un suspiro en la eternidad, que dejó en sus corazones un rastro imborrable de lo que pudo haber sido, pero nunca sería.

En el camino de regreso a casa, José se encontraba en un torbellino de emociones y pensamientos. El beso con Alejandra había sido como un despertar a una realidad que había estado ignorando durante tanto tiempo. La sensación de libertad que experimentó en esos breves momentos le demostró que aún tenía el poder de elegir, de buscar su propia felicidad, incluso si eso significaba desafiar las normas que él mismo había establecido.

En su mente, se reproducían una y otra vez las imágenes del beso prohibido. Cada pensamiento, cada sensación, parecía una prueba, una señal de que había algo más allá de la vida que conocía. Se cuestionaba su matrimonio, su papel en la comunidad y, sobre todo, su propia identidad. ¿Quién era realmente José? ¿Qué deseaba para sí mismo, más allá de las expectativas y las responsabilidades impuestas por otros?

Al llegar a casa, el peso de sus decisiones pendía sobre él. Atravesó la puerta con la certeza de que algo en su interior había cambiado irrevocablemente. Sabía que se encontraba en un punto de quiebre, donde debía enfrentar sus verdaderos deseos y miedos, y decidir si seguiría el camino que otros habían trazado para él o si se aventuraría en el desconocido sendero de sus propias pasiones y anhelos.

En los días que siguieron, José se esforzaba por mantener la apariencia de normalidad en su vida familiar y en su papel en la comunidad. Sin embargo, su alma estaba en conflicto constante. Cada oración que pronunciaba y cada sermón que compartía se veían empañados por el peso de sus deseos y anhelos internos. Sentía una lucha interna entre su deber hacia su familia y su comunidad, sus propias pasiones y necesidades personales.

Por las noches, cuando todos dormían y reinaba el silencio en su hogar, José se encontraba despierto, perdido en sus pensamientos. Se preguntaba si alguna vez encontraría la paz interior, si alguna vez sería capaz de reconciliar sus deseos con las expectativas que otros tenían de él. La duda y la incertidumbre lo atormentaban, se encontraba en un constante estado de agitación emocional.

En su búsqueda de respuestas, comenzó a buscar consuelo en la escritura y la reflexión. Llenaba cuadernos con pensamientos y emociones, tratando de ordenar el caos que reinaba en su interior. Se preguntaba si había alguna forma de encontrar un equilibrio, una manera de ser fiel a sí mismo sin herir a los que amaba.

A medida que los días pasaban, José se volvía más introspectivo y distante. Evitaba el contacto visual con su esposa, temiendo que ella pudiera ver a través de sus ojos y descubrir la tormenta que se libraba en su interior. Cada día se volvía una batalla entre lo que debía hacer y lo que realmente quería hacer, y se preguntaba cuánto tiempo más podría mantener esta fachada antes de que todo se desmoronara.

Amelia, desesperada por recuperar la conexión con José, decidió acercarse a él de una manera diferente. Intentó avivar la llama de su relación, esperando que la intimidad pudiera restaurar lo que parecía estar perdido. No obstante, cada intento se encontraba con la resistencia emocional de José. Sus encuentros íntimos estaban llenos de silencios incómodos y gestos mecánicos, como si José estuviera presente físicamente pero su mente estuviera en otro lugar, lejos de allí.

José, por otro lado, se sentía atrapado en un ciclo de culpa y deseo. Cada vez que estaba con Amelia, experimentaba una mezcla de emociones contradictorias. Por un lado, quería estar cerca de ella y sentirse amado, pero, por otro lado, sentía un vacío interior que no podía llenar. La intimidad se convirtió en un recordatorio constante de sus luchas internas y de las decisiones que había tomado.

Amelia, aunque herida y confundida, seguía buscando formas de llegar a José. Le escribía cartas amorosas, preparaba cenas románticas y trataba de revivir los momentos felices que compartían juntos. Sin embargo, cada esfuerzo parecía caer en oídos sordos. La distancia emocional entre ellos seguía creciendo, y Amelia se sentía cada vez más sola en su matrimonio.

Mientras tanto, José continuaba su búsqueda interna, tratando de entender quién era y qué quería realmente en la vida. Se sumergía en la lectura de filósofos y escritores que exploraban las complejidades del alma humana, buscando respuestas a sus propias preguntas. Sin embargo, cuanto más buscaba, más se perdía en un laberinto de pensamientos y emociones.

La casa que solía estar llena de risas y amor se convirtió en un lugar de silencios incómodos y miradas perdidas. Ambos se aferraban a la esperanza de que las cosas mejorarían, pero la sombra de la duda y la desconfianza se interponía en su camino. El futuro de su matrimonio y de su familia pendía de un hilo, y ninguno de los dos sabía cómo recuperar lo que habían perdido.

Un día muy extraño aparece nuevamente Clara, y llega a la casa de Amelia cuando José no se encontraba, todo para contarle algunos chismes que ya se decían de José, era como una bola de nieve crecida sin retorno alguno, y una demostración de traiciones, una de las cosas que se decían sobre José dijo Clara, " que había tenido una relación con una joven menor de la comunidad" , "que alguien más lo había visto entrar a un bar cercano", otra cosa muy extrema que incluso le habían visto con alguna sustancia misteriosa de color blanco en forma de polvo.

Amelia quedó atónita al escuchar las revelaciones impactantes de Clara sobre José. Las palabras de Clara resonaban en su mente como un eco inquietante, y el corazón de Amelia latía con fuerza mientras trataba de procesar toda la información. La confusión y la preocupación se apoderaron de ella, y sintió que su mundo se tambaleaba.

La noticia de que José había tenido una relación con una joven de la comunidad menor de edad la golpeó con fuerza. Era una acusación grave que, de ser cierta, cambiaría por completo su percepción de su esposo. Además, los rumores sobre su presencia en un bar cercano y las insinuaciones sobre sustancias misteriosas solo añadieron más incertidumbre y ansiedad a la situación.

Amelia sabía que tenía que abordar este tema con José tan pronto como regresara a casa. Necesitaban hablar abierta y sinceramente sobre las acusaciones que se estaban difundiendo en la comunidad. Pero también estaba llena de miedo, no solo por lo que podría descubrir, sino por el impacto que esto podría tener en su matrimonio y en su familia.

Mientras esperaba a que José regresara, Amelia se encontraba atrapada en un torbellino de emociones. Se preguntaba si realmente conocía a su esposo, si había estado ocultando secretos oscuros y si su matrimonio podría sobrevivir a esta tormenta de rumores y acusaciones. El futuro parecía incierto y lleno de desafíos, y Amelia se aferraba a la esperanza de que, juntos, pudieran enfrentar lo que viniera y encontrar una manera de restaurar la confianza y la paz en sus vidas.

Pero ese día José no habría llegado a casa, sería el primer día de desaparición y Amelia quedaría desconsolada y preocupada, llegó un momento inquietante que fue cuando Daniel pregunta por papá.

La pregunta inocente de Daniel resonó en el silencio de la casa como un eco de la incertidumbre que los envolvía. Amelia, con los ojos llenos de lágrimas y la garganta apretada, se arrodilló frente a su hijo y trató de encontrar las palabras adecuadas para explicar la ausencia de su padre.

"Daniel, cariño", comenzó, su voz temblorosa, "papá... papá está pasando por un momento difícil en este momento. Está lidiando con algunas cosas y necesita tiempo para pensar y aclarar su mente. Pero siempre nos ama, eso nunca cambiará".

Daniel, con sus pequeños ojos llenos de confusión, asintió como si entendiera, aunque Amelia sabía que en el fondo, él también estaba asustado y perdido. Mientras intentaba consolar a su hijo, Amelia luchaba por mantenerse fuerte. La ausencia de José pesaba sobre ellos como una sombra oscura, y la incertidumbre del futuro era abrumadora.

Los días pasaron y la desaparición de José se convirtió en un misterio aún sin resolver. Amelia y Daniel esperaban ansiosos noticias, cualquier señal de que estuviera a salvo. La comunidad estaba llena de rumores y especulaciones, pero nada concreto. Amelia se encontraba en un estado constante de preocupación y dolor, preguntándose dónde podría estar José y qué lo había llevado a desaparecer de sus vidas de esa manera.

Mientras tanto, Daniel continuaba haciendo preguntas sobre su padre, preguntas que Amelia no sabía cómo responder. La incertidumbre pesaba sobre su familia, creando una atmósfera de tristeza y desconcierto en la que se encontraban atrapados. así, en medio de la angustia y el misterio, Amelia y Daniel enfrentaban cada día con la esperanza de que pronto encontrarían respuestas y su familia volvería a estar completa.

La ausencia de su padre había sumido a Daniel en una profunda tristeza. A su corta edad, no comprendía completamente la situación, pero podía sentir el vacío dejado por José en su vida. Sus preguntas sobre su padre se volvieron más frecuentes y desgarradoras.

"¿Dónde está papá? ¿Por qué no vuelve a casa?", solía preguntar Daniel, con los ojos llenos de lágrimas.

Amelia, preocupada por la salud emocional de su hijo, buscó ayuda en la comunidad. Habló con amigos cercanos y líderes de la iglesia en un esfuerzo por encontrar la manera de apoyar a Daniel en este difícil momento. Juntos, decidieron organizar sesiones de terapia y apoyo para los niños que estaban experimentando la misma situación que Daniel.

Sin embargo, a pesar de todos los esfuerzos, Daniel seguía luchando con la depresión y la confusión. Extrañaba a su padre desesperadamente y no entendía por qué se había ido. Pasaba horas mirando fotografías de José y escribiéndole cartas que nunca enviaría.

Amelia, con el corazón roto por la situación de su hijo, trató de llenar el vacío que había dejado José en la vida de Daniel. Pasaban tiempo juntos, compartían historias sobre José y trataban de mantener viva la esperanza de que algún día, su padre regresaría.

La ausencia de José afectaba profundamente a toda la familia, pero era Daniel quien parecía llevar la carga más pesada. La tristeza y la incertidumbre se convirtieron en compañeros constantes en su joven vida, y Amelia hacía todo lo posible para mantener la fortaleza de su hijo mientras ansiaba el día en que finalmente tendrían respuestas sobre la desaparición de José.

En medio de la oscuridad de la noche, Daniel se arrodilló junto a su cama, con las manos juntas y los ojos llenos de lágrimas. En un susurro tembloroso, comenzó a hablar con Dios, cuestionando el universo en busca de respuestas que parecían esquivas.

"Señor, ¿por qué mi papá nos dejó? ¿Fui yo el que hizo que se fuera? No entiendo por qué nos abandonó. Mamá está triste todo el tiempo y yo... yo siento un vacío en mi pecho que duele mucho. Siempre nos enseñaron que el amor y la familia son importantes, ¿por qué él no lo ve así? ¿Por qué nos castigas de esta manera?

Dios, ¿puedes hacer que papá vuelva? No quiero que mamá sufra más. No quiero sentirme perdido y solo. A veces, me siento tan enojado y confundido. Siempre nos dijeron que tú estás ahí para ayudarnos, pero parece que estás tan lejos ahora. ¿Nos has abandonado también?

Ayúdame a entender, por favor. Necesito tu guía en este momento oscuro. Ayuda a mamá, ayúdame a mí, ayúdanos a encontrar paz en medio de este dolor. Si hay un propósito detrás de todo esto, te ruego que nos lo muestres. Te necesitamos más que nunca, Señor. Amén."

El corazón de Daniel se hundía en un abismo de desesperación mientras esperaba una respuesta que parecía no llegar nunca. Las noches se volvían más largas y oscuras, y su fe se tambaleaba como un frágil castillo de naipes. Cada día que pasaba sin noticias de su padre, el vacío en su pecho se hacía más profundo, como un pozo sin fondo que amenazaba con engullirlo por completo.

Preguntaba al cielo en silencio, buscando alguna señal, un susurro del viento o un destello de esperanza en las estrellas, pero todo permanecía en un silencio cruel. Sus lágrimas se mezclaban con las preguntas sin respuesta, y su alma, antes llena de inocencia, estaba ahora marcada por la tristeza y la confusión.

En medio de su desaliento, Daniel seguía buscando, aunque su esperanza se debilitaba con cada día que pasaba. Se aferraba a la idea de que tal vez, algún día, encontraría respuestas. Mientras tanto, su corazón herido anhelaba desesperadamente el consuelo que parecía esquivo, y su fe se sostenía en un fino hilo, esperando ser renovada por algún milagro que iluminara su camino en la oscuridad.

habrían pasado unos cuatro días desde la desaparición de José, y todos quedaban atónitos por la repentina aparición de José en un domingo, todo era muy extraño pero la gente no se había dado cuenta de su desaparición solo su familia.

El retorno de José a la comunidad fue como un rayo de luz en medio de la oscuridad que envolvía a su familia. Sin embargo, su presencia era diferente, como si trajera consigo un misterio profundo y oscuro que nadie podía entender completamente. La comunidad lo recibió con abrazos cálidos y sonrisas, pero algunos ojos agudos notaron un destello extraño en los suyos, como si hubiera visto algo que el resto del mundo no podía.

Amelia y Daniel miraron a José con una mezcla de alivio y desconfianza. Amelia quería creer que todo volvería a la normalidad, pero algo en la mirada de su esposo le decía que las cosas ya no serían iguales. Daniel, por otro lado, estaba lleno de preguntas sin respuestas, pero también estaba agradecido por el regreso de su padre.

José habló en la comunidad con un fervor renovado, como si hubiera visto algo trascendental durante su ausencia. Sus palabras resonaron en los corazones de la gente, pero también dejaron un rastro de inquietud. Hablaba de redención y perdón, pero sus ojos parecían esconder un secreto oscuro y profundo. La gente seguía su enseñanza, pero ahora con una sombra de duda en sus mentes.

Mientras tanto, en la intimidad de su hogar, Amelia intentó acercarse a José para entender lo que había sucedido durante esos días de desaparición, pero él evitaba sus preguntas con respuestas evasivas y una sonrisa enigmática en los labios. La familia vivía en una especie de limbo emocional, atrapados entre el alivio de tener a José de vuelta y el temor a lo desconocido que había regresado con él. La comunidad continuaba su vida como si nada hubiera pasado, pero bajo la superficie, la tensión y la sospecha crecían como una tormenta que se avecina en el horizonte, amenazando con desencadenar sus furias en cualquier momento.

Amelia le daría su espacio y no le volvería a preguntar nada por algún momento, pero sentía que José en su mirada estaba cargando cosas muy oscuras y lo que más le extrañaba es porque seguía hablando con tal elocuencia y tal avidez que la gente se emocionaba al escucharlo y generaba un ambiente místico en la comunidad.

La elocuencia de José seguía resonando en la comunidad como un eco lejano de la verdad. Sus palabras fluían con una pasión y un conocimiento que cautivaban a todos los presentes. Cada sermón, cada enseñanza, parecía llevar consigo una profundidad que iba más allá de lo común. La gente se maravillaba de su sabiduría, pero también se preguntaba de dónde provenía esa profundidad recién descubierta.

Mientras tanto, Amelia observaba desde la distancia, tratando de entender qué había sucedido con su esposo. Se preguntaba si había encontrado alguna verdad reveladora durante su ausencia, algo que lo hubiera cambiado de esa manera. Temía que, mientras José se volvía más magnético para la comunidad, él se alejara cada vez más de su propia familia.

Los días pasaban, y José continuaba su labor en la comunidad con una dedicación renovada. La gente lo seguía como si fuera un profeta, ansiosa por escuchar sus palabras. Sin embargo, en los momentos de intimidad en su hogar, Amelia notaba que algo estaba fuera de lugar. José parecía estar en otro mundo, como si estuviera atrapado entre la realidad y un reino desconocido.

En una noche oscura y silenciosa, mientras la comunidad dormía, Amelia decidió confrontar a José. Le preguntó con valentía sobre lo que había sucedido durante su ausencia, por qué su mirada parecía ocultar secretos oscuros. José, por un momento, titubeó, como si estuviera luchando con sus propios demonios internos. Finalmente, sus ojos se encontraron con los de Amelia, y en ese instante, ella vio un destello de dolor y confusión.

"Amelia", dijo él con voz temblorosa, "he visto cosas... he sentido cosas que van más allá de nuestra comprensión. Hay verdades que se esconden en las sombras, y he estado explorando esos lugares oscuros en busca de respuestas".

Amelia sintió un escalofrío recorrer su espalda. No entendía completamente lo que José estaba tratando de decir, pero sabía que algo profundo había cambiado en él. Temía que esa búsqueda de verdades ocultas pudiera llevarlo por un camino peligroso, lejos de la seguridad de su hogar y su familia. En ese momento, Amelia decidió que haría todo lo posible por proteger a su esposo y mantener unida a su familia, incluso si eso significaba enfrentar los misterios que José había traído consigo de su desaparición.

Los días transcurrieron, y aunque Daniel disfrutaba cada momento que pasaba con su padre, algo seguía sin estar del todo bien. A pesar de la alegría de tener a su padre de vuelta, había una sombra de melancolía que parecía envolver a José. En los momentos en que jugaban juntos, Daniel notaba que su padre estaba presente físicamente, pero su mente parecía estar en otro lugar, inalcanzable incluso para su propio hijo.

Una tarde soleada, mientras jugaban en el parque, Daniel decidió preguntarle a su padre sobre su extraña desaparición y todo lo que había sucedido después. Se sentaron en un banco bajo la sombra de un viejo roble y Daniel, con valentía, formuló la pregunta que había estado rondando en su mente: "Papá, ¿dónde estabas? Y cuando volviste, algo en ti cambió. No eres el mismo".

José miró a su hijo con ojos llenos de tristeza y cariño. Sabía que llegado el momento, tendría que compartir la verdad con él. "Daniel, he estado en un viaje, un viaje que me llevó a lugares profundos y oscuros. He buscado respuestas a preguntas que ni siquiera sabía que tenía. Pero en ese viaje, algo se perdió en mí. Algo cambió y ahora estoy tratando de entenderlo".

Daniel asintió, intentando comprender las palabras de su padre. Aunque no entendía completamente lo que estaba pasando, podía sentir la sinceridad en la voz de José. "Papá, no importa lo que hayas visto o sentido", dijo Daniel con determinación, "estamos juntos ahora y eso es lo que importa".

José sonrió, con los ojos llenos de gratitud por tener un hijo tan comprensivo y amoroso. "Tienes razón, Daniel. Estamos juntos, y eso es lo más importante en el mundo para mí".

A partir de ese día, aunque las sombras del pasado seguían acechando a José, encontró consuelo en la presencia de su hijo. Juntos, compartieron momentos mágicos que, a pesar de las dificultades, les recordaban el amor que los unía como familia. Y así, en medio de las incertidumbres y los misterios que aún los rodeaban, encontraron fuerza el uno en el otro, construyendo un vínculo inquebrantable que los ayudaría a enfrentar cualquier desafío que el destino pudiera tener reservado para ellos.

La segunda desaparición de José dejó a su familia y a la comunidad desconcertados. Nadie entendía por qué, después de regresar, se había ausentado nuevamente sin previo aviso. Amelia y Daniel, especialmente, se sentían preocupados y ansiosos por su seguridad. Dos días se hicieron eternos sin noticias suyas, hasta que finalmente alguien compartió un rumor inquietante: habían visto a José salir del pueblo y abordar un camión, pero nadie sabía hacia dónde se dirigía.

Amelia, con el corazón lleno de incertidumbre, decidió esperar pacientemente su regreso en casa junto a Daniel. Las horas pasaron lentamente mientras la preocupación crecía. Daniel, tratando de ser valiente como siempre, intentaba consolar a su madre, aunque en su interior también sentía miedo y confusión.

Finalmente, después de dos días angustiosos, José regresó a casa. Su aspecto era cansado y desaliñado, como si hubiera pasado por una experiencia agotadora. Amelia lo recibió con un abrazo lleno de alivio y preocupación. "¿Dónde estabas, José? ¿Qué está pasando? Nos tienes a todos preocupados".

José miró a su esposa y a su hijo con ojos tristes y comprensión. Sabía que no podía seguir ocultándoles la verdad. "Amelia, Daniel, necesito hablarles", dijo con voz apesadumbrada. Se sentaron juntos en la sala, y José comenzó a relatarles su experiencia en los días de su ausencia.

Había emprendido un viaje personal en busca de respuestas a las preguntas que lo atormentaban. Había visitado lugares distantes, hablado con personas diversas y se había sumergido en la soledad de su propio ser. En ese proceso, había encontrado algunas revelaciones impactantes sobre su vida y sus elecciones.

Amelia y Daniel escucharon con atención mientras José compartía sus descubrimientos y reflexiones. Aunque algunas de sus palabras eran difíciles de comprender, quedó claro que José estaba luchando con demonios internos y buscando su propio camino en la vida.

Al final de su relato, José miró a su familia con humildad. "No tengo todas las respuestas, ni siquiera sé si estoy en el camino correcto. Pero lo que sé con certeza es que los amo, y quiero ser un mejor esposo y un mejor padre para ustedes. Pido su comprensión y paciencia mientras intento encontrar mi camino".

Amelia y Daniel, aunque aún confundidos, sintieron el dolor y la sinceridad en las palabras de José. Comprendieron que su esposo y padre estaba pasando por una crisis personal profunda y que necesitaba su apoyo. En ese momento, decidieron unirse como familia para enfrentar juntos los desafíos que se avecinaban, sin importar cuán inciertos o complicados fueran. La única certeza que tenían era que el amor que compartían sería su ancla en medio de la tormenta que se avecinaba. No pasaría mucho tiempo y José iría en búsqueda de Dana , todo de una manera discreta, nadie había sospechado nada

José, sintiendo la necesidad de aclarar las preguntas que lo atormentaban, decidió buscar a Dana en busca de respuestas. Se movió con sigilo y precaución, consciente de que su familia y la comunidad no entenderían su búsqueda personal. Así que, en las sombras de la noche, se dirigió hacia la casa de Dana.

Cuando llegó, Dana lo recibió con sorpresa, pero sin mostrar miedo. Había visto el tormento en los ojos de José en ocasiones anteriores y sabía que algo lo atormentaba profundamente. Se sentaron en silencio en su modesta sala, las velas titilaban en la penumbra, creando un ambiente íntimo y misterioso.

"¿Por qué has venido, José?" preguntó Dana con suavidad, como si ya conociera la respuesta, pero quisiera escucharla de sus propios labios.

José vaciló por un momento antes de responder. "Necesito entender, Dana. Necesito saber la verdad sobre nosotros, sobre la niña y sobre todo lo que ha sucedido en nuestras vidas".

Dana suspiró profundamente, como si estuviera aliviada de que José finalmente hubiera planteado esas preguntas. Comenzó a contarle la historia que él desconocía, una historia de amor truncado por las circunstancias y las decisiones que tomaron en el pasado.

Mientras Dana hablaba, José escuchaba atentamente cada palabra, sintiendo una mezcla de dolor y empatía por lo que ella había pasado. Se dio cuenta de que ambos habían sido víctimas de sus propias elecciones y que, de alguna manera, estaban conectados por un destino compartido.

Después de esa noche, José regresó a casa con la mente llena de pensamientos y emociones turbulentas. A medida que procesaba la verdad que había descubierto, se dio cuenta de que su vida estaba entrelazada con la de Dana de una manera que nunca había imaginado. La revelación lo dejó atónito y lo llevó a cuestionar su propia identidad y las decisiones que había tomado hasta ese momento.

La búsqueda de respuestas de José apenas comenzaba, pero al menos ahora tenía una pista para entender su pasado y, tal vez, encontrar una forma de reconciliarse con su presente y su futuro. A medida que se sumergía en el viaje de descubrimiento de sí mismo, sabía que no estaría solo; su familia, aunque desconocedora de sus luchas internas, seguía siendo su ancla en medio de la tormenta emocional que se avecinaba.

José, abrumado por las revelaciones y los conflictos internos, decidió alejarse de todo una vez más. Sintió que su mente estaba al borde del colapso y necesitaba espacio para procesar todo lo que había descubierto. Sin decir una palabra a su familia, partió en busca de soledad y reflexión.

En su exilio autoimpuesto, vagó por caminos desconocidos, tratando de escapar de las sombras de su pasado y las complejidades de su presente. Se sumergió en la naturaleza, buscando respuestas en la quietud de los bosques y la majestuosidad de las montañas. Cada paso que daba era un intento de dejar atrás las cargas que pesaban sobre sus hombros y encontrar algún tipo de claridad.

Durante días y noches, José reflexionó sobre su vida, su identidad y las relaciones que lo habían marcado profundamente. Se enfrentó a sus miedos más oscuros y luchó con sus demonios internos. En medio de la naturaleza, intentó hallar la paz que tanto anhelaba, pero su mente seguía siendo un torbellino de pensamientos y emociones encontradas.

Mientras tanto, en casa, su familia esperaba ansiosamente su regreso, sin saber a dónde había ido ni por qué se había ido. Amelia, Daniel y la comunidad estaban desconcertados por la ausencia de José, preguntándose qué había sucedido para que desapareciera de sus vidas una vez más.

Mientras José continuaba su búsqueda interior en algún lugar remoto, el destino de su familia y la comunidad quedaba suspendido en un limbo emocional. Las preguntas sin respuesta seguían acumulándose, y todos se aferraban a la esperanza de que algún día, de alguna manera, José regresaría y traería consigo las respuestas que tanto anhelaban.

La ausencia prolongada de José dejó una brecha en la comunidad y, especialmente, en la vida de Amelia y Daniel. Las noches se volvieron más oscuras y los días, más inciertos. Amelia, que antes confiaba plenamente en la fe y el liderazgo de José, ahora se encontraba luchando con preguntas sin respuesta. ¿Por qué se fue? ¿Qué lo había llevado a tomar tal decisión? La fe que había sido su roca durante tanto tiempo comenzó a tambalearse.

Daniel, por otro lado, estaba confundido y herido por la partida de su padre. Las preguntas llenaban su mente joven y curiosa. Empezó a cuestionar la moral y la integridad de su padre, algo que antes ni siquiera habría cruzado por su mente. La imagen de José, una vez impecable, ahora se veía empañada por la desaparición y los rumores que empezaban a circular en la comunidad.

Amelia y Daniel, en medio de su angustia y confusión, encontraron consuelo en la comunidad. Se apoyaron mutuamente y buscaron respuestas en la oración y en la compañía de aquellos que compartían su fe. A medida que las semanas pasaban, encontraron fuerza en su unión y en su capacidad para enfrentar juntos la incertidumbre.

Mientras tanto, en su búsqueda personal, José se enfrentaba a sus propios cuestionamientos. ¿Había tomado las decisiones correctas? ¿Era realmente libre o simplemente había escapado de una prisión para caer en otra? La búsqueda de respuestas lo llevó a lugares oscuros y a momentos de introspección profunda. Se encontraba en una encrucijada, entre el hombre que solía ser y el hombre en el que se estaba convirtiendo.

Las vidas de todos quedaron entrelazadas en una red compleja de emociones y cuestionamientos, mientras cada uno de ellos intentaba encontrar su camino en medio de la confusión y la pérdida. La fe, que alguna vez fue su guía, ahora se volvía un faro incierto en medio de la tormenta. La historia de José y su familia se convirtió en un testimonio de las complejidades de la fe, la moral y la búsqueda de significado en tiempos de crisis.

Amelia se encontraba en un estado emocional complejo y confuso. Cada día, mientras consolaba a Daniel y trataba de mantener un semblante de normalidad, luchaba con sus propias preguntas y dudas.

La sombra de la desaparición de José se cernía sobre su hogar, oscureciendo cada rincón de su vida.

Por las noches, cuando la casa se sumía en el silencio, Amelia se encontraba sola con sus pensamientos. Se preguntaba por qué José había decidido irse y por qué no había vuelto. Dudas y sospechas la asaltaban, pero al mismo tiempo, trataba de aferrarse a los recuerdos felices que compartieron como familia. La sensación de abandono la consumía, y aunque intentaba ser fuerte por Daniel, se sentía perdida y vulnerable.

Encontraba consuelo en la comunidad y en su fe, pero incluso allí, las preguntas sin respuesta la atormentaban. ¿Había sido algo que ella hizo lo que lo impulsó a irse? ¿Había algo que pudo haber cambiado en su relación para evitar esta situación? Se preguntaba si su amor y apoyo fueron suficientes, y cada día, esas preguntas la empujaban más cerca del abismo de la tristeza.

A medida que el tiempo pasaba, Amelia se dio cuenta de que necesitaba encontrar fuerza no solo para consolar a Daniel, sino también para enfrentar sus propios miedos y dudas. En su lucha por comprender la partida de José, encontró una nueva determinación para cuidar de su hijo y mantener viva la esperanza de un futuro mejor, incluso si ese futuro parecía incierto y turbio en ese momento.

Una noche, cuando la oscuridad se cernía sobre la casa y el silencio pesaba en el aire, Amelia se encontró al borde del abismo de la desesperación. Las paredes de la casa parecían cerrarse sobre ella, y las sombras danzaban en las esquinas como espectros de sus pensamientos tormentosos.

Sintiéndose abrumada por la soledad y la incertidumbre, Amelia se permitió explorar los rincones más oscuros de su mente. Pensamientos inquietantes y, a veces, incluso peligrosos, cruzaron su mente en un torbellino de emociones. La idea de desaparecer, de seguir los pasos de José en su búsqueda, se presentó como una salida tentadora. Se preguntó qué pasaría si simplemente se perdiera en la noche, dejando atrás todas las responsabilidades y los dolores que la ataban a su realidad.

Lágrimas de desesperación se derramaron por sus mejillas mientras luchaba con estos pensamientos abrumadores. Se preguntaba si algún día volvería a ver el rostro de José, si alguna vez encontraría respuestas a las preguntas que la atormentaban. En su angustia, llegó a contemplar el insondable abismo de la muerte como una forma de escapar del dolor que la consumía.

Pero en medio de esta oscuridad, un rayo de luz se filtró. Era la imagen de Daniel, el recordatorio tangible del amor que compartió con José. La presencia de su hijo la ancló al mundo real, recordándole que, aunque el amor de José se había desvanecido, su amor por Daniel seguía siendo un faro de esperanza en medio de la tormenta.

Así, entre sollozos y suspiros, Amelia encontró la fuerza para liberar esos pensamientos oscuros. Abrazó a su hijo con una fuerza renovada, decidida a ser su roca en medio de la tempestad. A pesar de las lágrimas y el dolor, decidió aferrarse a la esperanza, incluso cuando todo parecía perdido. En su corazón, rezó por la seguridad y el regreso de José, esperando que algún día las respuestas vendrían y la paz regresaría a su hogar.

Amelia, con el corazón pesado pero la determinación en los ojos, se encontraba en el púlpito de la comunidad de la Gracia. Aunque su voz resonaba con la misma dulzura y gracia de siempre, aquellos que la conocían bien podían percibir una sombra de tristeza en su tono. Los miembros de la comunidad se arremolinaban en los bancos, captando la energía inusual que parecía llenar la sala.

"Mis queridos hermanos y hermanas", comenzó Amelia, su voz templada pero firme, "hoy nos encontramos reunidos en un momento de incertidumbre y dolor. Como comunidad, hemos enfrentado muchas pruebas, y hoy, una vez más, nos enfrentamos a la ausencia inexplicada de alguien a quien amamos profundamente".

El silencio en la sala era palpable mientras los miembros de la comunidad se aferraban a cada palabra de Amelia.

"La vida nos presenta desafíos insondables", continuó, su mirada perdida por un momento en el recuerdo de su esposo. "Pero en medio de la oscuridad, encontramos nuestra fuerza en la unidad y el amor que compartimos como comunidad. José nos enseñó el poder de la gracia y la fe inquebrantable en momentos difíciles. Hoy, más que nunca, necesitamos abrazar esas lecciones".

Las lágrimas brillaban en los ojos de algunos miembros de la comunidad, conmovidos por las palabras de Amelia.

"Nos enfrentamos a preguntas sin respuestas y a un futuro incierto", dijo Amelia, su voz ahora temblando ligeramente. "Pero sé que nuestra comunidad es fuerte. Nos apoyaremos mutuamente, nos cuidaremos y, juntos, encontraremos la luz incluso en los momentos más oscuros".

Concluyó su mensaje con una oración, pidiendo fuerza y esperanza para la comunidad y para aquellos que estaban perdidos, rogando por el regreso seguro de José y por la capacidad de todos para enfrentar las pruebas venideras.

A medida que las palabras de Amelia resonaban en los corazones de los presentes, la comunidad se unió en un abrazo silencioso pero poderoso. Sabían que enfrentarían los desafíos juntos, como una familia unida por la fe y la gracia, esperando en la esperanza de un mañana mejor.

La carta de José yacía sobre la mesa, como un enigma esperando ser descifrado. Amelia la miraba con ojos llenos de aprehensión, sintiendo el peso de las palabras aún no leídas. Su corazón latía con fuerza mientras consideraba si abrir el sobre que contenía respuestas a preguntas que la habían atormentado durante semanas.

Daniel, el hijo de Amelia, entró en la sala con su mochila al hombro y se detuvo al ver la expresión preocupada en el rostro de su madre. Sin decir una palabra, dejó su mochila en el suelo y se acercó a ella. Colocó una mano en su hombro, buscando consolarla.

"¿Qué pasa, mamá?" preguntó Daniel, su voz llena de preocupación.

Amelia titubeó por un momento, luego miró a su hijo y le sonrió con ternura antes de responder. "Es una carta de tu padre, Daniel. No sé qué hay dentro, pero... creo que es hora de enfrentar lo que sea que esté escrito aquí".

Con manos temblorosas, Amelia abrió el sobre cuidadosamente y comenzó a leer las palabras escritas por José. A medida que avanzaba en la lectura, su rostro pasó de la sorpresa inicial a una mezcla de emociones: incredulidad, tristeza y, finalmente, una extraña sensación de alivio.

Después de leer la carta, Amelia cerró los ojos por un momento, como si estuviera procesando la información que había recibido. Luego, miró a su hijo con una expresión que combinaba tristeza y determinación.

"Daniel", dijo con voz suave pero firme, "nuestro camino ha tomado un giro inesperado. Pero como familia, enfrentaremos este desafío juntos. No importa lo que nos depare el futuro, nos tenemos el uno al otro".

Daniel asintió con comprensión, sintiendo un nudo en la garganta. Ambos sabían que la carta de José marcaba un nuevo capítulo en sus vidas, un capítulo lleno de incertidumbre, pero también de la fuerza que solo una familia unida podía proporcionar. Juntos, se abrazaron, encontrando consuelo en el amor mutuo que compartían y en la promesa de enfrentar el futuro con valentía y determinación.

Mis Queridos Amelia y Daniel,

Espero que esta carta los encuentre en buen estado y rodeados de amor. No tengo palabras para expresar el torbellino de emociones que me embarga mientras escribo estas líneas. En las últimas semanas, he sentido una llamada insondable hacia un camino desconocido. La vida, como el río que fluye incesante, me ha empujado hacia una dirección que apenas puedo comprender.

No puedo negar que esta decisión ha sido difícil y está llena de dolor. Pero también es una búsqueda, un anhelo de encontrar un sentido más profundo en esta existencia efímera que llamamos vida. Me marcho en busca de libertad, no solo del mundo exterior, sino también de las cadenas invisibles que todos llevamos en nuestras almas.

Recuerden que el tiempo es como un río que fluye sin cesar, llevando consigo nuestras alegrías y nuestras penas. En este viaje, he llegado a entender que la moral, aunque importante, a menudo se entrelaza con la incertidumbre de la existencia. En nuestra búsqueda de significado, a veces debemos cuestionar las normas establecidas y explorar lo desconocido para encontrar nuestra verdadera esencia.

La vida es pasajera y efímera, y en este viaje fugaz, todos buscamos respuestas a las preguntas más profundas de nuestro ser. Mi partida no es un adiós definitivo, sino más bien un hasta luego. Confío en que el tiempo y el espacio nos brindarán claridad y comprensión.

Quiero que sepan que los llevo en lo más profundo de mi corazón, y siempre estaré agradecido por los momentos preciosos que compartimos juntos. Espero que encuentren la paz y la felicidad en cada amanecer, en cada risa compartida y en cada lágrima derramada. Recuerden, el amor que nos une es eterno, y aunque nuestros caminos se separen, nuestra conexión perdurará en el tejido mismo del universo.

Con amor eterno y gratitud,

José

PARTE III

Pasaron muchos años la vida de cada uno había tomado curso, Daniel había crecido y hoy estaba al frente de la comunidad junto con Amelia su madre, y no sabían nada de José y que había pasado con su vida, todo transcurría de manera natural sin importar su vida.

La comunidad seguía su curso como un río sereno que fluye a través del tiempo, llevando consigo las huellas del pasado y las promesas del futuro. Amelia y Daniel continuaban siendo pilares fundamentales de ese pequeño universo, brindando amor, sabiduría y consuelo a todos los que los rodeaban. La ausencia de José se había convertido en un susurro lejano en los pasillos de la memoria, una historia contada en susurros y miradas fugaces.

Daniel, ahora convertido en un joven apasionado y sabio, llevaba consigo las enseñanzas de su padre y las lecciones de la vida. Aunque la sombra de la incertidumbre siempre rondaba su mente, encontró fuerza en el amor y el apoyo de su madre y la comunidad que los rodeaba. La comunidad del Eco de la Gracia continuaba su labor, compartiendo amor y esperanza, guiados por la luz de la comprensión y el respeto mutuo.

Amelia, por su parte, se convirtió en un faro de sabiduría y compasión para todos. Su corazón, aunque marcado por las cicatrices del pasado, brillaba con una luz que inspiraba a los demás a seguir adelante. Aprendió a encontrar la paz en la incertidumbre y a abrazar cada día como un regalo, honrando la memoria de José a través de su amor incondicional y su dedicación a los demás.

A medida que los años pasaban, la comunidad seguía floreciendo, nutrida por las semillas de amor, comprensión y perdón que José había sembrado en su momento. Su partida, aunque misteriosa y dolorosa, dejó un legado de aceptación y apertura en el corazón de todos los que lo conocieron.

Y así, la historia de José se convirtió en un capítulo en el libro eterno de la comunidad del Eco de la Gracia, una historia de transformación, perdón y la eterna búsqueda de significado en medio de la complejidad de la vida humana. En cada rincón de la comunidad, en cada sonrisa compartida y en cada acto de amor, su espíritu perduraba, recordando a todos que el verdadero poder reside en la capacidad de amar y aceptar, incluso en los momentos más difíciles.

Y así, la vida continuaba su danza eterna, tejiendo las historias de las personas en un tapiz de experiencias, esperanzas y sueños compartidos, mientras el Eco de la Gracia resonaba en cada rincón, recordando a todos que, incluso en la ausencia, el amor perdura.

A medida que pasaban los años, Daniel se convirtió en un hombre excepcional. Sus sermones eran como ríos profundos que fluían con la misma pasión y elocuencia que alguna vez caracterizó a su padre, José. La comunidad se maravillaba ante su sabiduría y su habilidad para tocar los corazones de las personas, y muchos encontraban consuelo en sus palabras, como si José estuviera hablando a través de él.

A pesar de su éxito en la comunidad y de su propia familia floreciente, Daniel seguía atormentado por preguntas sin respuesta sobre su padre. A menudo encontraba a Amelia, su madre, en momentos de silencio, buscando respuestas en los ojos de ella. Pero Amelia, con los años, había aprendido a vivir con la incertidumbre y encontró consuelo en la idea de que cada uno tiene su propio viaje, incluso José.

Las gemelas de Daniel crecían llenando la casa de risas y alegría, y aunque él las amaba profundamente, no podía evitar sentir un vacío por la ausencia de su abuelo. Se preguntaba si alguna vez conocerían la historia completa de su familia, si alguna vez tendrían una imagen clara de quién fue realmente su padre.

En las noches tranquilas, cuando las estrellas brillaban en el cielo y la comunidad estaba envuelta en un suave susurro de paz, Daniel miraba al horizonte, como si esperara encontrar respuestas en las lejanas colinas. A menudo se preguntaba si algún día José regresaría, si alguna vez conocería la verdad detrás de su partida misteriosa.

Y así, la vida continuaba su curso en la comunidad del Eco de la Gracia, llena de preguntas sin respuesta y momentos de profunda reflexión. Daniel seguía liderando la comunidad con gracia y sabiduría, pero en su corazón, la búsqueda de respuestas nunca se detenía. Porque aunque la comunidad floreciera y las generaciones avanzaran, la sombra de la ausencia de José seguía siendo parte de su legado, un misterio que perduraría a través de las edades.

En un luminoso domingo de primavera, cuando los rayos del sol danzaban entre las hojas de los árboles y la brisa susurraba melodías antiguas, Daniel se paró frente a la congregación del Eco de la Gracia. Su mirada, profunda y compasiva, recorría cada rostro en la asamblea, buscando la conexión humana que siempre había definido su mensaje.

"Hermanos y hermanas", comenzó Daniel, su voz resonando en el aire lleno de expectación, "hoy hablaremos de un poderoso don que todos poseemos, pero que a menudo olvidamos usar: el don del perdón". Los murmullos se apaciguaron mientras la gente se sumía en sus palabras, conscientes de la gravedad del tema.

"El perdón, queridos míos, no es solo para el que lo recibe, sino también para el que lo da. Nos libera del peso del pasado y nos permite mirar hacia el futuro con esperanza renovada. Pero, ¿cómo podemos perdonar verdaderamente si no hemos sanado nuestras propias heridas?" Daniel continuó, sus ojos brillando con una intensidad inusual.

"El amor, el perdón y la compasión son esenciales en nuestra existencia. Pero a veces, incluso cuando enseñamos estas verdades, llevamos nuestras propias cargas. Cargamos el peso de los errores pasados, de las decisiones que nos han atormentado en la oscuridad de la noche. ¿Cómo podemos ser embajadores del perdón cuando nuestros corazones aún están llenos de amargura y dolor?"

Un silencio pesado se cernió sobre la iglesia mientras las palabras de Daniel resonaban en los oídos de la congregación. "A veces, hermanos y hermanas, nos aferramos a nuestras faltas como si fueran nuestra identidad. Nos castigamos por lo que hicimos, por lo que no pudimos hacer, por las oportunidades perdidas y los amores desvanecidos. Pero el perdón, el verdadero perdón, nos exige dejar ir todo eso".

Daniel bajó la mirada por un momento, como si estuviera luchando con sus propios demonios internos. Luego, levantó la cabeza con determinación. "El perdón nos permite despojarnos de las cadenas del pasado y abrazar el presente con gratitud. Nos libera para amar de nuevo, para encontrar la paz en medio del caos y para caminar hacia el futuro con pasos firmes y decididos".

Mientras pronunciaba las últimas palabras de su sermón, una mezcla de emoción y pesar cruzó el rostro de Daniel. La congregación, sintiendo la profundidad de su mensaje, permaneció en silencio. En ese momento, muchos en la iglesia sintieron que el mensaje de Daniel iba más allá de las palabras, que había algo más en juego, algo que él no estaba compartiendo completamente.

Después de la predicación, cuando la congregación se dispersó y la iglesia quedó vacía, Daniel se quedó solo en el altar, perdido en sus pensamientos. Se preguntaba si alguna vez podría perdonarse a sí mismo por los secretos que guardaba en su corazón, por los pecados de su pasado que aún lo perseguían en la oscuridad. Aunque enseñaba el perdón a los demás, se dio cuenta de que a veces, el perdón más difícil de conceder era el que uno debía darse a sí mismo. Y mientras el sol se ponía y la iglesia quedaba en silencio, Daniel siguió buscando esa redención interior que tanto anhelaba.

Los días pasaron, pero el dolor en el corazón de Daniel persistía. A pesar de que había crecido y había asumido roles de liderazgo en la comunidad, seguía sintiendo una profunda tristeza por la partida de su padre. Las noches se volvían inquietas mientras su mente se llenaba de preguntas sin respuesta y su corazón anhelaba comprender los misterios del pasado.

Su esposa, viendo la sombra en sus ojos y la pesadez en su espíritu, lo encomendaba a Dios en silencio. Ella veía cómo su esposo se perdía en los recuerdos y en las preguntas sin resolver, y sentía que no podía dejarlo solo en ese viaje emocional. Lo sostenía con su amor silencioso y con sus oraciones nocturnas, pidiendo a Dios que trajera paz al alma de Daniel, que iluminara su camino y que le diera fuerza para enfrentar los fantasmas del pasado.

Cada noche, mientras Daniel se sumía en sus pensamientos, su esposa lo abrazaba con ternura y lo sostenía en silencio. No necesitaban palabras para entender el dolor del otro; el amor que compartían trascendía las barreras del tiempo y del sufrimiento. En esos momentos de oscuridad, encontraban consuelo el uno en el otro, y aunque las respuestas no llegaban, sabían que tenían el uno al otro para enfrentar el camino desconocido que tenían por delante.

En la quietud de la noche, mientras el mundo dormía, Daniel y su esposa encontraban consuelo en el amor compartido y en la fe que los unía. Sabían que, aunque el pasado seguía siendo un enigma, tenían el presente y el futuro para construir juntos. En medio de la incertidumbre, encontraban esperanza en el amor que se tenían y en la creencia de que, de alguna manera, Dios los guiaría hacia la paz y la comprensión que tanto anhelaban. Y así, juntos, enfrentaron el desafío de sanar las heridas del pasado y encontrar la luz en medio de la oscuridad.

Cada vez que Daniel veía a sus hijas, una mezcla de emociones lo embargaba. Por un lado, recordaba los momentos felices que había compartido con su padre, las risas compartidas y las lecciones de vida que le había enseñado. Sin embargo, también se encontraba atormentado por el vacío dejado por la ausencia de su padre, y a menudo se preguntaba por qué había partido de sus vidas de esa manera misteriosa y abrupta.

A pesar de su deseo de proteger a sus hijas de ese tormento interno, no podía evitar que los recuerdos de su infancia se entrelazaran con las sonrisas inocentes de las gemelas. Cada risa infantil, cada mirada curiosa, le recordaba la relación que él mismo había tenido con su padre. Sentía un deseo profundo de proporcionar a sus hijas el amor y la estabilidad que él había perdido, pero al mismo tiempo, se sentía abrumado por la incertidumbre de su propio pasado.

En los momentos de calma, cuando sus hijas dormían y la casa quedaba en silencio, Daniel se sumía en la reflexión. Se preguntaba qué tipo de hombre había sido su padre realmente, qué había llevado a su partida y si alguna vez encontraría las respuestas que tanto anhelaba. La sensación de vacío seguía ahí, una sombra persistente que oscurecía incluso los momentos más felices de su vida.

A pesar de todo, Daniel se aferraba a la esperanza de que algún día entendería la verdad detrás de la partida de su padre. Mientras tanto, buscaba fuerza en su familia, en el amor de su esposa y en el vínculo especial que compartía con sus hijas. Aunque la sombra del pasado seguía presente, también encontraba momentos de luz y alegría en su papel como padre y esposo, y en esos momentos, intentaba dejar de lado las preguntas sin respuesta y concentrarse en el amor que tenía delante de él.

En esa tarde nublada, Daniel se encontró atrapado en un torbellino de emociones y pensamientos oscuros. Las imágenes vagas de acciones pasadas de su padre se entrelazaban en su mente, creando una maraña confusa de recuerdos y chismes que lo perseguían sin piedad. Un latido acelerado martillaba en su pecho, como si su corazón estuviera luchando por escapar de ese torbellino de confusión y dolor.

Mientras las imágenes se repetían una y otra vez, las voces acusadoras resonaban en su cabeza. Voces que insinuaban secretos oscuros y traiciones, susurros que sembraban dudas sobre la integridad de su padre. La sensación de paranoia se apoderaba de él, haciendo que cada mirada, cada palabra y cada gesto parecieran estar cargados de significados ocultos.

Su esposa, al verlo sumido en esa tristeza apasionante, intuía que algo no estaba bien. Observaba impotente mientras él luchaba con sus propios demonios internos, sin poder penetrar el muro de dolor y confusión que lo rodeaba. Cada intento de consuelo parecía deslizarse por las grietas de su desesperación.

En un intento por liberar su mente atormentada, Daniel se sumió en un silencioso grito interior. Quería entender, quería desentrañar los misterios de su pasado, pero cada vez que intentaba hacerlo, se encontraba atrapado en un laberinto sin salida. La tristeza apasionante lo envolvía como una sombra, oscureciendo incluso los momentos más luminosos de su vida.

En esa tarde nublada, Daniel se encontró perdido en un mar de emociones, luchando contra las olas de confusión y desesperación. Sin embargo, en lo más profundo de su ser, aún albergaba la esperanza de encontrar respuestas, de desentrañar los secretos que habían atormentado a su familia durante tanto tiempo. Pero mientras tanto, se aferraba a su familia, a la esposa que lo amaba y a las hijas que le brindaban amor incondicional, encontrando consuelo en los lazos que el tiempo y el dolor no podían deshacer.

Daniel se encontraba atrapado en un oscuro túnel sin fin, donde la desesperación y la confusión reinaban sin piedad. Su semblante, una vez lleno de vitalidad y esperanza, ahora estaba marcado por la sombra de la tristeza. Cada día se sumía más en ese trance sin fondo, como si estuviera siendo arrastrado por una corriente implacable hacia lo desconocido.

Su madre, testigo de su dolor creciente, sentía una profunda preocupación que la embargaba cada vez que posaba sus ojos en su hijo. Las líneas del tiempo y la angustia marcaban su rostro joven, transformándolo en el reflejo de un alma atormentada. Cada intento por parte de su madre de alcanzarlo, de penetrar ese muro de dolor que lo rodeaba, parecía ser en vano. Daniel estaba perdido en un abismo emocional, incapaz de encontrar una salida.

En las noches, cuando el mundo se sumía en la oscuridad y los ruidos del día se desvanecían, Daniel se encontraba solo con sus pensamientos tormentosos. Se preguntaba una y otra vez sobre las acciones de su padre, sobre los chismes que lo acechaban como sombras en la penumbra. La verdad se le escapaba entre los dedos como agua, y la incertidumbre se apoderaba de su mente, creando un caos interno que lo consumía.

Cada día era una batalla, una lucha constante contra sus propios demonios. La tristeza y la desesperanza se habían convertido en compañeras constantes, y Daniel se encontraba a la deriva en un mar de emociones turbulentas. En su mirada, una vez brillante y llena de esperanza, ahora se reflejaba un profundo dolor, como si hubiera perdido algo fundamental en su ser.

La vida continuaba su curso fuera de ese oscuro túnel, pero para Daniel, el tiempo parecía haberse detenido en un eterno crepúsculo emocional. La luz de la felicidad y la paz interior se había desvanecido, dejándolo a merced de la tormenta que rugía dentro de él. En medio de esa oscuridad, anhelaba desesperadamente encontrar una chispa de esperanza, una señal que lo guiara hacia la luz que tanto necesitaba.

Un día, mientras Daniel contemplaba su reflejo demacrado en el espejo, escuchó las palabras de su esposa resonando en su mente como un eco que rompía el silencio de su desesperación. "No puedes dejar que el pasado controle tu presente, Daniel", le había dicho con voz suave pero firme. Esa simple frase se clavó en lo más profundo de su alma, como una marca de agua indeleble que lo hizo reflexionar de una manera que no había logrado anteriormente.

Fue como si esas palabras hubieran desatado una chispa dentro de él, una chispa que había estado latente durante mucho tiempo. Por primera vez en mucho tiempo, Daniel sintió un atisbo de esperanza. Se dio cuenta de que, aunque su pasado fuera sombrío y estuviera plagado de incertidumbre, aún tenía el poder de cambiar su presente y su futuro.

Decidió enfrentar sus miedos y enfrentar la verdad, sin importar cuán dolorosa pudiera ser. Se armó de valor y decidió confrontar las sombras de su pasado, desentrañar los chismes y las acusaciones que habían estado acosándolo. Era un viaje emocionalmente agotador, pero con cada verdad revelada, Daniel sentía un peso levantarse de sus hombros.

A medida que enfrentaba las verdades incómodas y desafiaba las sombras que lo habían atormentado, Daniel empezó a sanar lentamente. Se permitió llorar por lo que había perdido perdonar a su padre por las elecciones que había hecho. Encontró consuelo en su familia y en su fe, reconociendo que, aunque el pasado había dejado cicatrices, él tenía el poder de escribir su propio destino.

Con el tiempo, Daniel comenzó a reconstruirse. Fue un proceso lento y arduo, pero cada pequeño paso que daba hacia la curación lo acercaba un poco más a la paz interior. A través del amor y el apoyo de su familia, finalmente pudo dejar ir el pasado, abrazar el presente con gratitud y esperanza.

La experiencia transformadora de Daniel se convirtió en una lección poderosa para todos en la comunidad. Su capacidad para superar la adversidad y encontrar la luz incluso en los momentos más oscuros inspiró a otros a enfrentar sus propios miedos y desafíos. La historia de Daniel se convirtió en un testimonio de resiliencia, fe y la capacidad del espíritu humano para sanar, incluso cuando parece que todo está perdido.

Una mañana al buscar en sus cosas y archivos, se encuentra una foto con su padre y al reverso de la foto decía una frase "siempre por siempre seré tu Padre", esa frase lo hizo quebrar en llanto, pues sentía que algo estaba sanando dentro de sí, un alivio una paz una alegría que tenía mucho tiempo que no lo concebía.

La foto en sus manos desencadenó una cascada de emociones en Daniel. Al ver la imagen de su padre y leer esas palabras en el reverso, algo dentro de él se removió. Una mezcla de tristeza y amor llenó su corazón mientras las lágrimas caían, pero esta vez, no eran lágrimas de dolor, sino de liberación.

La frase "siempre por siempre seré tu Padre" resonó en su interior de una manera que no pudo entender completamente, pero sintió una conexión profunda con esas palabras. Era como si su padre, desde el más allá, le estuviera enviando un mensaje de reconciliación y amor. En ese momento, Daniel experimentó una sensación de paz que había estado buscando durante tanto tiempo.

Comprendió que, a pesar de las dificultades y las heridas del pasado, su padre seguía siendo parte de su historia y, de alguna manera, siempre estaría presente en su vida. Esta revelación lo llenó de una extraña pero hermosa sensación de aceptación. Se dio cuenta de que podía honrar la memoria de su padre recordando los buenos momentos que compartieron y perdonando las fallas que también habían estado presentes.

Con el tiempo, esa foto se convirtió en un tesoro preciado para Daniel. La colocó en un lugar especial, un recordatorio constante de que, aunque su padre ya no estuviera físicamente presente, su amor perduraba en su corazón. Esta experiencia fue un punto de inflexión para Daniel, marcando el comienzo de su viaje hacia la verdadera sanación y aceptación de su pasado. A medida que abrazaba la conexión con su padre, encontró la fuerza para seguir adelante y vivir una vida plena, llevando consigo el legado de amor y perdón que su padre le dejó.

A medida que pasaban los años, las heridas causadas por los chismes y las murmuraciones se convirtieron en cicatrices en el alma de Daniel y Amelia. Aunque intentaron vivir sus vidas con normalidad, las huellas del pasado seguían presentes, recordándoles las tormentas que habían enfrentado como familia.

A pesar de las cicatrices, aprendieron a ser fuertes. Daniel se convirtió en un líder compasivo en la comunidad, utilizando su experiencia para ayudar a otros que enfrentaban desafíos similares. Amelia, por otro lado, se convirtió en un pilar de fuerza para su familia, mostrando amor incondicional y apoyo a Daniel y a sus nietas.

Aunque las marcas del pasado no desaparecieron por completo, Daniel y Amelia encontraron consuelo en el amor mutuo y en el entendimiento compartido de su dolor. Se apoyaron mutuamente en los momentos difíciles y celebraron juntos los momentos felices. A través de su amor y determinación, demostraron que, incluso en medio de las adversidades, el amor genuino y la unidad familiar pueden superar cualquier obstáculo.

La comunidad también comenzó a cambiar gradualmente. A medida que la verdad sobre la partida de José y las circunstancias que llevaron a su desaparición se difundieron, las personas empezaron a cuestionar los chismes infundados que habían circulado durante años. La empatía reemplazó al juicio, y la comunidad comenzó un proceso de sanación colectiva.

Aunque las cicatrices del pasado nunca desaparecieron por completo, la familia y la comunidad aprendieron a vivir con ellas. En lugar de ser recordatorios de dolor, esas cicatrices se convirtieron en testimonios de su fuerza y resiliencia. A través del perdón y el amor, encontraron la paz en medio de la tormenta y construyeron un futuro más brillante para las generaciones venideras.

pasados un tiempo Daniel se mostraba convencido de un propósito divino en su vida, el pensaba que todo lo que había pasado era para formarlo a donde había llegado, mientras tanto Amelia se encontraba en el jardín de su casa como solía acostumbraren esas mañanas pero no sería una mañana cualquiera , alguien tocaría la puerta de la casa y entregaría una carta con un papel muy amarillento , muy viejo, estaban con emociones encontradas, era una carta de José que había mandado hace algunos años atrás , pero nunca llegó a su destino, y al abrirla encontraron un mensaje muy extraño pero no dirian nada.

La carta que José había enviado años atrás finalmente encontró su camino hasta la casa de Daniel y Amelia, llevando consigo un mensaje que, aunque extraño, estaba lleno de significado profundo. Al leer las palabras escritas en el papel amarillento, Daniel y Amelia sintieron una extraña combinación de emoción y melancolía.

En la carta, José hablaba de su propia travesía, de los desafíos que enfrentó y de las lecciones que aprendió. Expresaba su deseo de reconciliación y perdón, aunque no especificaba claramente a quién iba dirigida esa reconciliación. Hablaba de encontrar la paz en su camino y de aceptar las decisiones del pasado como parte inevitable de su destino. Sus palabras estaban llenas de resignación y sabiduría, como si hubiera alcanzado una comprensión profunda de la vida y su propósito.

Daniel y Amelia se miraron el uno al otro con un entendimiento compartido. Aunque las palabras de José eran enigmáticas, sentían que había algo más profundo detrás de ellas, algo que iba más allá de la superficie de las frases. Guardaron la carta en un lugar seguro, sin mencionar su contenido a nadie más. Sabían que este mensaje tenía un significado especial para ellos, una conexión que solo ellos dos podían entender.

Con el paso del tiempo, Daniel se dedicó aún más a su comunidad, compartiendo la sabiduría que había adquirido a lo largo de los años. Amelia continuó siendo el pilar de la familia, brindando amor y apoyo incondicional a todos a su alrededor. A medida que crecían, encontraron fuerza en las palabras de José, incluso si nunca comprendieron completamente su significado.

La casa, el jardín y la comunidad se llenaron de un aura de paz, como si la reconciliación de José hubiera traído consigo una bendición silenciosa. Aunque nunca dejaron de preguntarse sobre las palabras de la carta, decidieron aceptarlas como un misterio, una pieza más en el rompecabezas de sus vidas. En su tranquilidad, encontraron la fuerza para seguir adelante y construir un futuro en el que el amor y el perdón fueran los pilares fundamentales de su existencia. así, la vida continuó en la pequeña comunidad, con sus habitantes aprendiendo día a día el valor de la comprensión y la aceptación, la memoria de José a través de su paz y armonía.

Las gemelas habían crecido y servían junto a su padre en la comunidad, dato curioso aun Alejandra seguía ahí como parte del equipo de trabajo, todo seguía muy normal, pero como cada segundo de la vida de Daniel su carácter era formado de muchas maneras, al final de la semana recibiría la noticia de una de sus hijas tenía novio, y no le gustaba la compañía de él, pero Daniel guardaba silencio.

El noviazgo de una de las gemelas de Daniel fue un acontecimiento que llenó la casa con un aire de emoción juvenil. Sin embargo, Daniel, a pesar de su naturaleza amorosa y comprensiva, no podía evitar sentir una cierta aprehensión respecto al joven que había conquistado el corazón de su hija. Observaba desde la distancia, tratando de entender los matices del joven mientras su hija parecía estar cada vez más enamorada.

Daniel conocía bien el poder del amor y sabía que su hija merecía encontrar la felicidad en su relación. Aunque confiaba en el juicio de su hija, no podía evitar preocuparse por su bienestar. En las noches, mientras caminaba por el jardín iluminado por la luz de la luna, reflexionaba sobre la naturaleza de las relaciones humanas y la fragilidad de los corazones.

Alejandra, quien seguía siendo parte activa de la comunidad, notó la inquietud en la mirada de Daniel. Se acercó a él una tarde tranquila en el jardín, con cuidado y comprensión, le preguntó sobre sus preocupaciones. Daniel suspiró profundamente antes de compartir sus pensamientos. Habló sobre el miedo a que su hija se lastimara, sobre cómo las relaciones podían ser complicadas y cómo quería protegerla de cualquier dolor.

Alejandra asintió con empatía. "Las relaciones son como el viento, Daniel", dijo con suavidad. "No podemos verlas, pero podemos sentir su presencia y su fuerza. A veces, las personas necesitan aprender por sí mismas, incluso si eso implica enfrentar el dolor. Como padres, solo podemos ofrecer nuestro apoyo y amor incondicional".

Las palabras de Alejandra resonaron en el alma de Daniel. A medida que pasaban los días, decidió confiar en la elección de su hija y, en lugar de juzgar al joven, decidió conocerlo mejor. Invitó al joven a cenar con su familia, donde tuvieron conversaciones profundas y significativas. Daniel vio el brillo en los ojos de su hija y, a pesar de sus temores iniciales, comenzó a aceptar la relación de su hija con un corazón abierto.

Con el tiempo, la relación de su hija floreció y Daniel pudo ver el amor genuino que compartían. Se dio cuenta de que, aunque su papel como padre era proteger, también era guiar y apoyar. A través de este proceso, Daniel aprendió una lección valiosa sobre la importancia de confiar en el camino que eligieron sus seres queridos, incluso cuando no podía ver el destino claramente.

Y así, la comunidad siguió su curso, marcada por los altibajos de la vida, pero siempre sostenida por los lazos del amor y la comprensión mutua. En los corazones de todos, la memoria de José perduraba como un faro de sabiduría, recordándoles la importancia de aceptar el cambio y confiar en el poder del amor para superar cualquier desafío que la vida pudiera presentar.

"En los recovecos del alma humana, donde la luz se desvanece y las sombras danzan con tristeza, nace la paradoja de la vida: en medio del amor, a veces, se oculta el dolor más profundo."

La noticia del embarazo de la gemela dejó a Daniel aturdido y lleno de una incomprensión existencial que lo sumió en un viaje interno por un río de emociones turbias y desconcertantes. Mientras el mundo seguía girando, su mente estaba inmersa en una tormenta de pensamientos, cuestionando el significado de la vida, la moralidad y el destino.

Las noches se volvieron eternas para Daniel. Miraba el cielo estrellado, buscando respuestas en las constelaciones distantes, pero encontraba solamente un vacío helado. Se preguntaba cómo había llegado a este punto, cómo el amor que sentía por su hija se entrelazaba con el miedo y la decepción. Se enfrentaba a la dualidad de la existencia, donde la alegría y la desesperación se entrelazaban como hilos enredados en el tejido de la vida.

Durante el día, Daniel se sumía en una apatía profunda. Sus sermones en la comunidad perdieron el brillo, mientras su voz se quebraba ocasionalmente al hablar de amor y perdón. La gente notaba su sufrimiento, pero Daniel guardaba silencio sobre el tormento que lo consumía. Las miradas compasivas y los susurros de simpatía lo rodeaban, pero no lograban penetrar la coraza de desesperanza que había construido alrededor de su corazón.

La relación con su hija se volvió tensa y llena de preguntas no formuladas. La confianza que una vez los unió ahora estaba empañada por la sombra del embarazo no planeado. Daniel luchaba por encontrar las palabras adecuadas, atrapado entre el deseo de proteger y el miedo a alejar a su hija aún más.

En una noche oscura, mientras la luna arrojaba su débil luz sobre la tierra, Daniel se encontró en el jardín, enfrentando el silencio de la noche. Sus lágrimas se confundían con la lluvia que caía suavemente, como si el cielo mismo compartiera su pesar. En un grito silencioso hacia las estrellas, Daniel buscó comprensión en el vasto universo, anhelando encontrar significado en el caos que lo rodeaba.

Mientras el tiempo pasaba, Daniel se dio cuenta gradualmente de que, en medio de la confusión y el dolor, había espacio para el amor incondicional. Aceptó que la vida, con todas sus complejidades, no podía ser controlada ni comprendida completamente. A través de esta aceptación, encontró una pequeña chispa de esperanza en su corazón roto, una luz tenue pero perseverante que le recordaba la belleza frágil y agridulce de la existencia humana.

Así, en su búsqueda de respuestas en un mundo lleno de misterio, Daniel se aferró a la certeza de que, incluso en los momentos más oscuros, el amor podía ofrecer consuelo y redención. A medida que enfrentaba el futuro incierto, decidió abrazar la dualidad de la vida y encontrar la fuerza para seguir adelante, guiado por la fe en el poder curativo del amor y la posibilidad de transformación en medio del sufrimiento.

En el abismo de su dolor, Daniel se encontraba inmerso en una vorágine de pensamientos oscuros y nocivos. La noticia del embarazo de su hija lo había llevado a considerar opciones impensables anteriormente. El tormento moral se convirtió en un monstruo devorador que lo atormentaba día y noche.

La idea del aborto, aunque fugaz y espantosa, había cruzado su mente como un escape del dilema que enfrentaba. Se sentía atrapado entre el deseo de proteger a su hija y el miedo a la reacción de la comunidad. Los secretos se apilaban sobre sus hombros como pesadas losas, y la necesidad de ocultar la verdad lo consumía gradualmente.

La decisión de alejar a su hija de la comunidad se convirtió en una opción desesperada. Daniel creía que un cambio de escenario podría ofrecer una nueva oportunidad para su hija, lejos del escrutinio y el juicio implacable de aquellos que conocían la verdad. Sin embargo, esta decisión también lo llenó de una profunda tristeza y un sentido de fracaso como padre.

El deseo de casar a su hija en un intento desesperado por preservar la apariencia de la moralidad y la decencia en la comunidad se convirtió en una farsa absurda. Daniel se encontró luchando contra sus propias convicciones y valores, obligado a tomar decisiones que iban en contra de su ética y su humanidad.

La carga de estos secretos y decisiones insoportables llevó a Daniel a considerar la idea de abandonar todo y empezar de nuevo lejos de la comunidad que alguna vez llamó hogar. La idea de un exilio voluntario se aferró a su mente como un rayo de esperanza en medio de la desesperación. Sueños de un nuevo comienzo, donde podría dejar atrás el dolor y la vergüenza, lo tentaban en las sombras de la noche.

Mientras luchaba con estos pensamientos oscuros, Daniel se encontró en una encrucijada moral, atrapado entre la presión de las expectativas de la comunidad y la devastadora realidad de su familia. Cada decisión parecía llevarlo más lejos de la integridad que una vez defendió, sumiéndolo en un abismo de desesperación del cual no veía salida. En su búsqueda de redención y salvación, Daniel se vio arrastrado hacia un viaje interno en el que la lucha entre el bien y el mal se volvía cada vez más intensa, mientras su alma se desgarraba en el proceso.

Amelia, después de algunos meses, se encontraba en su jardín como de costumbre, pero esta vez, la serenidad del lugar no lograba calmar su alma atribulada. Reflexionaba sobre todo lo que había ocurrido en su familia y en la comunidad. Se sentía como si estuviera atrapada en un ciclo interminable de dolor y sufrimiento.

El castigo divino, como ella lo percibía, pesaba sobre sus hombros como una carga insoportable. Se sentía reprimida emocionalmente, como si estuviera viviendo en una prisión invisible donde las paredes eran las expectativas sociales y las normas morales de la comunidad. Algo dentro de ella le estorbaba, una sensación de asfixia que no podía sacudirse.

A medida que los días pasaban, Amelia se encontraba cada vez más distante, como si estuviera perdiendo su conexión con el mundo que la rodeaba. Las risas de los niños en la comunidad sonaban como ecos lejanos y las palabras de consuelo de los miembros de la iglesia se desvanecían en el viento. Se preguntaba si alguna vez encontraría la paz nuevamente, si alguna vez podría liberarse de las sombras del pasado que la atormentaban.

En su soledad, buscaba respuestas en la quietud del jardín, esperando encontrar algún indicio de dirección en las hojas que caían lentamente de los árboles o en el susurro del viento. Pero la respuesta seguía siendo esquiva, y su corazón seguía lleno de angustia y confusión.

Mientras tanto, la comunidad continuaba su ritmo diario, ajena al tormento interno de Amelia. La vida seguía adelante, pero para Amelia, cada día era una lucha silenciosa, una batalla en la que se enfrentaba a sus propios demonios y a las expectativas implacables de aquellos que la rodeaban. En su búsqueda de redención y sanación, se encontraba perdida en un mar de emociones encontradas, anhelando encontrar la paz que tanto necesitaba.

Amelia se encuentra con el dilema de uno de sus grandes pecados que la atormentaban, es que ella había practicado un aborto antes de que Daniel naciera, era como una mega confesión imborrable que se había mordido y comido durante toda su vida, solo sabia ella, y su sentimiento de culpa era tan grande porque le recordaba inmensamente lo que tenía atorado en su ser.

El peso de su pasado, el oscuro secreto que había guardado durante tanto tiempo, seguía atormentando a Amelia como una sombra inquebrantable. Cada vez que miraba a Daniel, veía su rostro de inocencia y se preguntaba si alguna vez descubriría la verdad sobre su propio pasado, sobre el hermano o hermana que nunca llegó a conocer.

El aborto que había tenido antes del nacimiento de Daniel era como un aguijón en su corazón, una marca indeleble de su juventud imprudente. Había creído que podría esconder ese pecado en las sombras de su memoria, pero cada vez que miraba a su hijo, el remordimiento la embargaba. Se preguntaba si su hijo alguna vez descubriría el secreto que había guardado celosamente durante años.

La culpa la consumía, y cada noche, mientras todos dormían en su hogar, se encontraba en la penumbra de su habitación, llorando en silencio por el alma que nunca llegó a este mundo. Se cuestionaba si Dios alguna vez la perdonaría por ese acto impensado de su juventud y si su hijo alguna vez podría mirarla con los mismos ojos llenos de amor y admiración.

Amelia se encontraba en un dilema moral profundo, debatiéndose entre el deseo de liberarse de este secreto y el miedo paralizante de enfrentar las consecuencias. A medida que pasaban los días, sentía que su alma se marchitaba, atrapada en una red de mentiras y dolor que ella misma había tejido.

En sus oraciones nocturnas, suplicaba a Dios por perdón y fortaleza para enfrentar la verdad. Pero cada día que pasaba, la carga de su pecado se volvía más pesada, amenazando con aplastarla bajo su peso. La confesión parecía tan lejana, tan imposible de realizar, pero al mismo tiempo, sentía que era la única forma de encontrar la paz y la redención que tanto anhelaba.

En ese momento llega Daniel a su casa y ve a su madre desconsolada en el jardín, y no duda en preguntarle y que le dijera la verdad, pero sentía incomodidad en decirle la verdad, del alma alienada a la moral de su vida incompleta.

Amelia, al ver a Daniel acercarse con esa mirada inquisitiva en sus ojos, sintió un nudo en la garganta. La verdad había estado encerrada dentro de ella durante tanto tiempo que las palabras parecían pegarse en su boca. Pero al mismo tiempo, vio la determinación en los ojos de su hijo y sintió que era el momento de liberarse del peso que llevaba.

"Daniel", comenzó, su voz temblorosa y quebrada por la emoción. "Hay algo que necesitas saber. Algo que he ocultado durante muchos años..."

Tragó saliva, intentando encontrar las palabras adecuadas para expresar el secreto que la había atormentado. Daniel la miraba, esperando, sus ojos reflejaban una mezcla de preocupación y curiosidad.

"Hace años, antes de que nacieras, cometí un error, uno que he llevado en mi corazón como una carga pesada desde entonces", continuó Amelia, su voz apenas audible. "Tu madre no es perfecta, Daniel. Antes de tener a tu hermano, antes de tenerte a ti, tomé una decisión terrible. Tomé la decisión de..."

Las lágrimas brotaron de sus ojos mientras luchaba por articular las palabras. Daniel, aunque desconcertado, se acercó y tomó la mano de su madre, transmitiéndole un mensaje silencioso de apoyo.

"Tomé la decisión de hacer un aborto", dijo finalmente, su voz quebrándose en un susurro. "Antes de tener a tu hermano, antes de tenerte a ti, hice algo irreparable. Algo de lo que me arrepiento profundamente. Me quedé con ese secreto todo este tiempo, sintiendo la culpa corroer mi alma. Pero ahora, siento que necesitas saber la verdad".

Daniel la miró, procesando lentamente las palabras de su madre. La revelación se aferró a su corazón, creando una tormenta de emociones dentro de él. Por un lado, estaba impactado por la confesión, pero por otro, sentía compasión por su madre, que había llevado ese fardo sola durante tanto tiempo.

"Madre", dijo finalmente, su voz suave pero firme. "Lo que importa es que estás aquí ahora, siendo sincera conmigo. Todos cometemos errores, pero también creo en el perdón y en la redención. Estoy aquí para ti, pase lo que pase".

Amelia miró a su hijo con gratitud en sus ojos. A pesar del dolor de la confesión, sintió un rayo de esperanza al saber que su hijo la había aceptado, defectos y todo. En ese momento, aunque todavía enfrentaban un camino incierto, Amelia sintió un atisbo de liberación. Había compartido su verdad más oscura, y aunque el viaje hacia la redención sería largo y desafiante, sabía que no estaba sola.

Daniel se quedó en silencio por un momento, dejando que las palabras de su madre resonaran en su mente como campanadas lentas y melancólicas. La verdad, cruda y dolorosa, se extendía como un vasto océano ante él, y se dio cuenta de que estaba ante un dilema moral y emocional complejo.

La noticia del aborto de su madre arrojó una nueva luz sobre su visión del mundo. Aquella mujer que siempre había admirado y considerado tan fuerte estaba ahora delante de él, vulnerable y rota. Daniel se encontraba dividido entre el amor incondicional por su madre y el peso moral de lo que había escuchado. La compasión por la agonía que ella había llevado consigo durante tantos años chocaba con la confusión y la tristeza por la vida que pudo haber sido, por el hermano o hermana que nunca conoció.

A medida que las horas pasaban, Daniel se encontró atrapado en un torbellino de emociones. Por un lado, estaba agradecido por la honestidad de su madre. La transparencia, aunque desgarradora, los había unido de una manera que nunca antes habían experimentado.

Pero por otro lado, la noticia lo dejó con preguntas sin respuesta y un dolor que no podía sacudirse.

Cuando miró a su propia hija esa noche, vio en sus ojos la misma curiosidad y deseo de comprender el mundo que él había tenido de joven. La idea de que había sido parte de una historia truncada, de un hermano o hermana que nunca llegó a existir, lo llenó de una tristeza profunda. Se preguntó cómo manejar esa verdad, cómo explicárselo a su hija sin aplastar su propio espíritu.

A medida que enfrentaba estos dilemas, Daniel comenzó a darse cuenta de que la verdad era, a veces, una fuerza poderosa y aterradora. Podía sanar, pero también podía herir irreparablemente. Se encontró debatiéndose entre proteger a su hija de la cruda realidad o permitirle conocer la verdad, incluso si eso significaba enfrentarse a las sombras del pasado.

En las noches siguientes, mientras miraba las estrellas en el cielo, Daniel reflexionaba sobre el significado de la verdad en su propia vida y en la vida de su hija. Se dio cuenta de que, aunque la verdad podía ser dolorosa, también era el primer paso hacia la aceptación y el perdón. Decidió que, cuando llegara el momento adecuado, compartiría la verdad con su hija, no como una carga, sino como una lección sobre la humanidad y la capacidad de sanar incluso las heridas más profundas.

Con el tiempo, Daniel se dio cuenta de que, a pesar del dolor, la verdad tenía el poder de unirlos como familia de una manera más profunda y auténtica. La comprensión y el perdón, aunque difíciles de alcanzar, se convirtieron en los faros que los guiarían a través de las aguas turbulentas de su historia compartida, hacia una comprensión más profunda del amor y la resiliencia.

El corazón de Daniel se hundió como una piedra en el océano cuando recibió la noticia de que su otra hija, la gemela restante, se había fugado de casa. Era como si la tormenta que había estado acosando su familia no diera tregua, como si estuvieran siendo probados más allá de cualquier medida comprensible.

Se encontró sentado en la penumbra de su sala de estar, mirando fijamente el vacío. Los susurros de preguntas sin respuesta llenaban la habitación mientras se preguntaba una y otra vez qué había hecho mal, qué había fallado como padre para que sus hijas tomaran tales decisiones.

La culpa se apoderó de él, convirtiéndose en una sombra oscura que lo seguía a todas partes. Se culpaba a sí mismo por no haber sido lo suficientemente atento, por no haber protegido adecuadamente a sus hijas de las tentaciones y los peligros del mundo exterior. Se preguntaba si había algo que pudo haber hecho de manera diferente para evitar que sus hijas se sintieran tan perdidas que decidieran abandonar su hogar y su familia.

En medio de su desesperación, Daniel sintió una mezcla abrumadora de emociones: tristeza, enojo, confusión y, sobre todo, impotencia. Se dio cuenta de que no podía controlar las elecciones de sus hijas, que estaban creciendo y tomando decisiones por sí mismas, incluso si esas decisiones los llevaban por caminos peligrosos y desconocidos.

———◦———

En su búsqueda de respuestas, Daniel se aferró a su fe como un faro en medio de la oscuridad. Oró fervientemente, buscando orientación y fuerza para enfrentar esta nueva prueba. Se aferró a la esperanza de que, de alguna manera, sus hijas encontrarían el camino de regreso a casa, que el amor y el vínculo familiar serían más fuertes que cualquier desafío que enfrentaran.

Mientras tanto, Daniel decidió ser una roca para su madre, Amelia, quien también estaba devastada por la desaparición de su hija. Se apoyaron mutuamente, encontrando consuelo en el amor que todavía compartían y en la esperanza de un futuro donde, de alguna manera, su familia pudiera ser restaurada.

En las noches solitarias, cuando el silencio envolvía la casa y la tristeza pesaba en su corazón, Daniel seguía rezando por sus hijas, confiando en que algún día encontrarían el camino de vuelta a casa, donde los brazos de la familia siempre estarían abiertos, esperando para abrazarlas y ayudarlas a sanar de las heridas del mundo exterior.

Amelia, la madre de Daniel y abuela de las gemelas, se encontraba en un estado de devastación total. La angustia y el dolor que sentía por la desaparición de sus nietas la habían sumido en una tristeza profunda y desgarradora. Cada día era una batalla para ella, una lucha constante contra las lágrimas y el vacío que sentía en su pecho.

Su rostro, una vez lleno de alegría y calidez, ahora estaba marcado por la tristeza y la preocupación. Había envejecido prematuramente por el peso de la aflicción que llevaba en su corazón. Las noches eran las peores, cuando el silencio de la casa resonaba con la ausencia de las risas y travesuras de las gemelas. En su habitación, rodeada de fotos de tiempos más felices, Amelia lloraba en silencio, preguntándose una y otra vez por qué la vida les había arrebatado la felicidad de esa manera.

A pesar de su propio dolor, Amelia se convirtió en el pilar de apoyo para Daniel. A menudo lo encontraban compartiendo momentos de silencio juntos, entendiendo sin palabras el dolor del otro. Se sostenían mutuamente, encontrando consuelo en el amor que compartían y en la esperanza de que, de alguna manera, podrían superar esta tragedia juntos como familia.

Cada día, Amelia rezaba fervientemente por el regreso seguro de sus nietas y por la fuerza de su familia para enfrentar esta adversidad. Su fe en Dios se convirtió en su ancla, su fuente de esperanza en medio de la desesperación. A pesar de la oscuridad que los rodeaba, Amelia se aferraba a la creencia de que, con el tiempo, encontrarían respuestas y sanarían las heridas que los habían marcado tan profundamente.

A pesar de su propia debilidad emocional, Amelia mostraba una increíble fortaleza para apoyar a su hijo y afrontar la incertidumbre del futuro. En su fragilidad, encontró una fuerza interior que la impulsaba a seguir adelante, a aferrarse a la esperanza y a creer que, de alguna manera, su familia encontraría la luz al final del túnel.

Días después le llegaría una carta de la gemela, explicando que había conocido a un chico y quería probar una vida diferente de lo que había probado en casa, una vida llena de represiones por la vida moralista y religiosa, había abandonado la universidad y no le impedía vivir nueva vida.

La carta llegó un día soleado, mientras Amelia estaba sentada en su sala, esperando algún tipo de señal, alguna noticia que pudiera traer algo de paz a su corazón desgarrado. Temblorosa, abrió el sobre y comenzó a leer las palabras escritas por su nieta perdida. Las lágrimas rodaban por sus mejillas mientras absorbía cada línea, cada palabra que hablaba de una rebeldía dolorosa y de una búsqueda de libertad.

Su nieta explicaba en la carta que había conocido a un chico, alguien que le ofrecía un mundo diferente al que había conocido en casa. Había decidido dejar la universidad y aventurarse en una vida que había soñado, lejos de las restricciones morales y religiosas que sentía que la ahogaban. Aunque las palabras estaban llenas de juventud y deseo de explorar el mundo, también estaban teñidas de tristeza y confusión.

Amelia sintió una mezcla de emociones al leer la carta. Por un lado, había una punzada de alivio al saber que su nieta estaba viva y relativamente a salvo. Por otro lado, sentía un profundo pesar por la brecha que se había formado entre ellas, una brecha que parecía insuperable en ese momento. La sensación de pérdida y de que algo importante se había roto para siempre pesaba sobre su corazón.

A pesar de su dolor, Amelia decidió responder la carta con amor y comprensión. Le expresó a su nieta cuánto la amaba, cuánto la extrañaba y cuánto deseaba su seguridad y felicidad. Le recordó que siempre sería bienvenida en casa, sin importar las decisiones que hubiera tomado. Aunque la desaprobación y la preocupación estaban presentes en sus palabras, también había un hilo de amor incondicional que unía sus sentimientos.

Después de enviar la carta, Amelia se sentó en silencio, mirando por la ventana hacia el cielo azul. Oró por la seguridad de su nieta, por su guía y protección en ese mundo desconocido al que se había aventurado. Sabía que, a pesar de la distancia y las diferencias, el amor de una abuela siempre estaría presente, como un faro de esperanza en medio de la oscuridad que las separaba.

La noticia de la fuga de su hija gemela cayó sobre Daniel como una avalancha de dolor y desesperación. Se sentía impotente, como si estuviera parado en medio de un torbellino que amenazaba con llevarse a toda su familia. La ira y la frustración burbujeaban dentro de él, y sentía que el mundo entero se había desplomado sobre sus hombros.

En un momento de desesperación intensa, Daniel decidió enfrentar las situaciones que lo rodeaban. Se levantó con determinación en sus ojos, aunque también había rastros de angustia profunda. Miró a Amelia, su madre y la abuela de sus hijas, con una mezcla de tristeza y resolución.

"Madre", comenzó con voz temblorosa pero firme, "sé que estamos atravesando tiempos oscuros, tiempos que parecen no tener fin. Pero no podemos dejar que esta oscuridad nos consuma. Tenemos que luchar. Por nuestra familia, por nuestras creencias, por todo lo que amamos y en lo que creemos".

Amelia levantó la mirada hacia su hijo, viendo el dolor en sus ojos y la determinación en su voz. Sabía que tenía razón, aunque la carga de sus preocupaciones y sufrimientos pesara sobre sus hombros como una losa.

Daniel continuó, su voz llenándose de pasión y dolor acumulado. "No podemos permitir que estos eventos nos dividan más. Tenemos que encontrar la manera de sanar, de reconciliarnos con nuestro pasado y mirar hacia el futuro. Quizás no podamos evitar que las personas tomen sus propias decisiones, incluso si esas decisiones nos duelen profundamente. Pero podemos decidir cómo respondemos. Podemos decidir mantenernos juntos, apoyarnos mutuamente y encontrar la fuerza en nuestro amor y en nuestra fe".

Sus palabras resonaron en la habitación, llenando el espacio con una energía intensa y conmovedora. Amelia sintió un nudo en la garganta mientras miraba a su hijo, admirando su valentía y su determinación para enfrentar la tormenta que los rodeaba.

"Vamos a luchar, madre", dijo Daniel con determinación. "Vamos a luchar por nuestra familia, por nuestras creencias y por el amor que nos une. No vamos a dejar que la oscuridad nos consuma. Vamos a encontrar la luz, incluso en los lugares más oscuros".

Amelia asintió con la cabeza, sus ojos llenos de lágrimas. En ese momento, ambos se aferraron a la esperanza, decididos a enfrentar juntos los desafíos que la vida les había lanzado. Aunque el camino hacia adelante parecía incierto y lleno de obstáculos, encontraron fuerza en su unión y en la promesa de luchar juntos, sin importar las adversidades que se interpusieran en su camino.

El domingo llegó, y con él, una nueva oportunidad para Daniel de hablar a su comunidad. A pesar de los chismes y las murmuraciones que flotaban en el aire, Daniel se sintió impulsado por una fuerza interior que lo llevó al púlpito con una determinación renovada. Su mirada reflejaba el dolor, pero también la resistencia y la esperanza que habían crecido en su interior.

"Queridos hermanos y hermanas", comenzó, su voz resonando con una fuerza que pocos habían visto en él antes. "Hoy enfrentamos las tormentas que la vida ha arrojado sobre nosotros. Nos encontramos en un momento de prueba, una encrucijada que nos desafía a permanecer unidos y a aferrarnos a nuestras creencias con más fuerza que nunca".

Hizo una pausa, permitiendo que sus palabras fueran absorbidas por la congregación, cada miembro esperando ver cómo abordaría los eventos recientes de su vida.

"La verdad es que todos enfrentamos pruebas. Todos atravesamos momentos de oscuridad y dudas. Pero es en estos momentos, cuando nuestras creencias son puestas a prueba, que debemos encontrar la fuerza para perseverar", continuó. "La fe no es solo creer en los buenos tiempos, sino también encontrar la luz en medio de la tormenta, incluso cuando el mundo parece estar en su momento más oscuro".

Miró a los rostros de las personas frente a él, viendo una mezcla de sorpresa y atención. Sabía que su vida, junto con la de su familia, había sido objeto de discusión en la comunidad, pero estaba decidido a demostrar que su fe y determinación no se verían afectadas por los chismes y las críticas.

"El amor y la compasión son nuestros guías en momentos como estos. Debemos amarnos y apoyarnos mutuamente, incluso cuando el mundo nos desafía. La verdadera fuerza viene del amor incondicional que compartimos como comunidad", proclamó, su voz resonando con una pasión que llegó a los corazones de aquellos que lo escuchaban.

"Incluso cuando nos enfrentamos a situaciones difíciles y decisiones dolorosas, debemos recordar que el amor es nuestra fuerza motriz. A través del amor, encontramos la fuerza para perdonar, para sanar y para seguir adelante, incluso cuando pareciera imposible".

La comunidad escuchaba en silencio, absorbida por las palabras de Daniel. A medida que continuaba hablando sobre la importancia de la compasión y el perdón, muchos sintieron un cambio en sus corazones. La atmósfera se llenó de una sensación de unidad y esperanza, como si las palabras de Daniel hubieran traído consigo una luz que rompía la oscuridad que los rodeaba.

Al finalizar su mensaje, Daniel miró a su congregación con determinación. "Hermanos y hermanas, enfrentemos juntos los desafíos que se nos presentan. Con amor y compasión, superaremos cualquier adversidad. Sigamos siendo una comunidad unida, apoyándonos mutuamente en los momentos de alegría y de tristeza. Sigamos adelante, confiando en que el amor siempre prevalecerá sobre el odio y la oscuridad".

Las palabras de Daniel resonaron en los corazones de todos los presentes. La comunidad, aunque herida y desafiada, encontró consuelo y fuerza en las palabras de su líder. A partir de ese día, la comunidad del Eco de la Gracia se unió con un nuevo sentido de solidaridad y amor, enfrentando juntos los desafíos de la vida con valentía y esperanza en sus corazones.

Amelia, la madre de Daniel, observaba con admiración y preocupación el cambio que había experimentado su hijo. Veía en sus ojos una determinación que no había visto en mucho tiempo, una pasión que lo impulsaba a guiar a la comunidad con amor y compasión. Pero a medida que Daniel se fortalecía, Amelia también notaba un vacío creciente en su propia vida.

Las noches eran especialmente difíciles para Amelia. Mientras Daniel dormía, ella se quedaba despierta, sumida en sus pensamientos y reflexiones. Recordaba los días de felicidad que habían compartido juntos, pero también las luchas y las pérdidas que habían enfrentado como familia. La sombra del pasado pesaba sobre su corazón, y a veces se preguntaba si alguna vez encontraría la paz que tanto anhelaba.

Su relación con Daniel también se veía afectada por estas tensiones. Aunque se esforzaba por apoyarlo en su liderazgo y en las decisiones difíciles que debía tomar, sentía que se estaban distanciando emocionalmente. Había días en que la tristeza y el desánimo se apoderaban de ella, y a pesar de los esfuerzos de Daniel por reconfortarla, Amelia se sentía sola en su dolor.

Por otro lado, su esposa, cuyo nombre era Laura, tenía dificultades para entender la transformación de Daniel. Veía su dedicación a la comunidad como una carga sobre su familia y su matrimonio. Se preguntaba por qué Daniel se implicaba tanto en los problemas de los demás, a menudo descuidando sus propias necesidades y las de su familia. A medida que crecían las tensiones en su relación, Laura comenzó a cuestionar su matrimonio y a plantearse si estaban realmente en el mismo camino en la vida.

En medio de este torbellino emocional, Amelia encontró consuelo en su fe y en la esperanza de que algún día las cosas mejorarían. Oraba por la fortaleza de su familia y por la reconciliación entre Daniel y Laura. Sabía que no podía controlar el rumbo de las cosas, pero confiaba en que Dios tenía un plan incluso en medio de la confusión y el dolor.

Mientras tanto, Daniel continuaba liderando la comunidad con pasión y determinación, sin saber completamente el peso que su familia llevaba a sus espaldas. La brecha entre su vida pública como líder comunitario y su vida privada como esposo y padre seguía creciendo, y en su interior, sentía un conflicto cada vez mayor entre su deber hacia la comunidad y su responsabilidad hacia su familia. A pesar de todo, mantenía la esperanza de que el amor y la compasión que predicaba en sus sermones pudieran eventualmente sanar las heridas que habían dividido a su familia.

Algunos meses después Daniel aceptó la invitación para compartir una conferencia en el puerto tropical con un poco de vacilación, pero también con una pizca de esperanza. Pensó que un cambio de escenario podría traer algo de frescura a su vida, algo que lo alejara por un tiempo de la angustia que sentía en su comunidad. Se preparó meticulosamente para su charla, buscando inspiración en las olas del mar que se estrellaban contra la costa, tratando de encontrar un mensaje que pudiera traer un rayo de esperanza a su propio corazón roto.

Al llegar al puerto, quedó maravillado por la belleza de la ciudad. Las palmeras bailaban con la brisa marina y el aroma a salitre impregnaba el aire. Sin embargo, por más hermoso que fuera el entorno, no podía sacarse de la cabeza la imagen de sus hijas, perdidas en algún lugar lejano y desconocido.

La conferencia transcurrió en un ambiente tenso y emocional. Daniel habló sobre la importancia del perdón y la búsqueda de la redención, temas que resonaban profundamente con él en ese momento de su vida. A medida que compartía sus palabras con la audiencia, podía sentir cómo las lágrimas pugnaban por salir, pero se mantenía firme, decidido a transmitir un mensaje de esperanza incluso cuando él mismo se sentía sumido en la desesperación.

Después de su charla, mientras caminaba por el puerto, Daniel se encontró con una anciana. Sus ojos brillaban con una sabiduría antigua y una comprensión profunda. Se acercó a él con una sonrisa cálida y le dijo: "Joven, veo el peso que llevas en tu corazón. A veces, el perdón no es solo para los demás, también es para nosotros mismos. Debes aprender a perdonarte a ti mismo por las decisiones que no puedes cambiar".

Las palabras de la anciana resonaron en el alma de Daniel como un eco de verdad. Se dio cuenta de que, en su búsqueda de respuestas y soluciones, se había estado castigando a sí mismo por las acciones de otros. Comenzó a comprender que el perdón, tanto hacia los demás como hacia uno mismo, era el camino hacia la paz interior.

Con un nuevo sentido de propósito, Daniel regresó a su comunidad. Aún no tenía respuestas sobre el paradero de sus hijas, pero había encontrado un atisbo de paz en su corazón. Comenzó a trabajar en su propia sanación, buscando el perdón y la redención para sí mismo. Se acercó a su esposa con comprensión y amor, compartiendo el viaje emocional que había emprendido.

Con el tiempo, Daniel se convirtió en un faro de esperanza para los demás en su comunidad. Su conferencia en el puerto había marcado un punto de inflexión en su vida, un momento en el que decidió enfrentar su dolor y encontrar la fuerza para seguir adelante. A medida que compartía su propia historia de lucha y superación, inspiró a otros a hacer lo mismo, creando un lazo de apoyo y comprensión en su comunidad.

Aunque el paradero de sus hijas seguía siendo un misterio, Daniel aprendió a vivir con la incertidumbre. Encontró consuelo en el amor de su familia y en el apoyo de su comunidad. Cada día, elegía enfrentar el futuro con valentía y esperanza, sabiendo que, incluso en medio de la oscuridad, podía encontrar la luz que necesitaba para iluminar su camino.

Uno de los detalles que habrían cambiado también en ese viaje, fue el susurro de una historia de un viejo que vivía cerca de la playa, algunos decían que en su juventud había sido maestro, otros decían, que era un buen orador, y otros que la familia lo había abandonado y dejado a su suerte, pero no desmeritaban su sabiduría.

Daniel por otra parte tenía la corazonada, como una estrella fugaz, muy remota pero muy inquietante, si posiblemente seria su padre, algo no lo dejaba tranquilo, no podía estar a gusto en su mente en su calma, la sensación de que tal si era o no era, o simplemente era una divagación de su mente por lo que el estaba viviendo en un caos y un grado de incertidumbre.

La situación paso días iguales hasta que toma la decisión de ir en búsqueda al puerto de aquel viejo, su esposa lo cuestionó, haciendo lo pensar en sus múltiples compromisos con la comunidad y su familia, todo era como confuso, pero no dejaba de insistir en para que fuese en búsqueda de alguien que lo abandonó hace muchos años y ya no tenía tal vez algo necesario en esa búsqueda.

Daniel no la escuchó y tomó el vieje, al llegar al puerto e ir en búsqueda de aquel viejo del que había escuchado, a la entrada de la ciudad Daniel se sienta en un café y pide algo para acompañar el momento, por momentos Daniel sentía una frialdad de emociones y por segundos una adrenalina de inquietudes.

Daniel observaba la vida bulliciosa de la ciudad del puerto mientras saboreaba su café en la tranquila cafetería. La gente paseaba por las calles con un aire despreocupado, disfrutando de la brisa marina y el cálido sol tropical. Parecían sumidos en la felicidad y la diversión, sin preocuparse por los prejuicios o las restricciones que a veces pesaban tanto en su comunidad.

Las risas de la gente en las mesas cercanas llenaban el ambiente, y los bares cercanos ofrecían música alegre que se filtraba a través de las puertas abiertas. Era un contraste sorprendente con la vida tranquila y rígida de su comunidad. La sensación de libertad y la falta de juicio social eran palpables en el ambiente.

Por un momento, Daniel se permitió soñar despierto. Se preguntó cómo sería vivir en un lugar donde la diversión y la felicidad eran tan accesibles. Pensó en sus hijas y en lo que podrían estar experimentando en un mundo diferente al suyo. La idea de que pudieran estar viviendo sus vidas sin miedo a la condena o la represión le trajo tanto alegría como dolor.

Daniel sabía que no podía quedarse en ese lugar, pero esa breve pausa en su vida le permitió vislumbrar un mundo más allá de las limitaciones que había conocido. Siguió bebiendo su café con una mezcla de tristeza y esperanza, sabiendo que su camino lo llevaría de regreso a su comunidad, pero con un nuevo entendimiento de la importancia de la libertad y la aceptación en la vida de las personas.

Mientras Daniel tomaba su café en la animada cafetería del puerto, un vacío se apoderó de su corazón, mezcla de emociones y pensamientos tumultuosos. La brisa marina que entraba por las ventanas le traía consigo un aroma a sal y libertad. Observó a la gente pasar, cada uno con su propia historia, sus alegrías y tristezas, y se preguntó qué habría sido de su familia si las cosas hubieran sido diferentes.

El ruido de las olas cercanas resonaba en sus oídos como un eco de libertad, pero también como un recordatorio de las barreras que lo mantenían atrapado en su vida actual. Se sentía dividido entre el deseo de seguir las reglas de su comunidad y la necesidad de encontrar su propia identidad y felicidad fuera de esas limitaciones.

La idea de la libertad se convirtió en una obsesión para él en ese momento. Quería sentir la brisa marina en su rostro sin restricciones, quería caminar por la playa de la mano de sus hijas sin preocuparse por las miradas de los demás. Pero al mismo tiempo, sentía una lealtad a su comunidad, a pesar de las restricciones y las expectativas.

El dilema en su corazón crecía, como las olas que rompían en la costa. Se preguntaba si alguna vez encontraría un equilibrio entre su deseo de libertad y su deber hacia su familia y su comunidad. En ese momento, decidió aprovechar la oportunidad del viaje para reflexionar y encontrar respuestas, aunque sabía que el camino no sería fácil y que las decisiones que tendría que tomar serían difíciles y dolorosas. Con ese pensamiento en mente, terminó su café y se dispuso a enfrentar lo que vendría a continuación con determinación y valentía.

El déjà vu golpeó a Daniel como una ola repentina y abrumadora. Se encontró atrapado en un remolino de recuerdos, reviviendo momentos de alegría y tristeza de su pasado. Entre las imágenes que danzaban en su mente, una pregunta resonaba más fuerte que las demás: "¿Dónde está papá?"

Esa pregunta se convirtió en un eco constante en su mente, un recordatorio de la ausencia de su padre, de las preguntas sin respuesta y del vacío que había dejado en su familia. Se dio cuenta de que, a pesar de todas las elecciones difíciles y los caminos tortuosos que había recorrido, esa pregunta seguía siendo el núcleo de su existencia.

La nostalgia y la tristeza se apoderaron de él mientras reflexionaba sobre su vida y las decisiones que había tomado. Se preguntaba si su padre había enfrentado dilemas similares y, de ser así, cómo los había superado. La sensación de pérdida se hizo más profunda, como si una parte esencial de su ser estuviera incompleta.

En ese momento, Daniel tomó una decisión. Decidió que no dejaría que el dolor del pasado dictara su futuro. Se prometió a sí mismo que encontraría respuestas, no solo sobre su padre, sino también sobre su propio destino. Decidió enfrentar la incertidumbre con valentía y buscar la verdad, incluso si eso significaba desafiar las normas de su comunidad y enfrentar las consecuencias.

Con una determinación renovada, Daniel se levantó de su silla en la cafetería y se dispuso a buscar respuestas. No sabía a dónde lo llevaría este camino, pero estaba decidido a descubrir la verdad detrás del misterio de su padre y a encontrar su propio camino hacia la libertad y la realización. Con cada paso que daba, la pregunta "¿Dónde está papá?" se convirtió en un impulso para seguir adelante, en busca de la verdad que cambiaría el curso de su vida para siempre.

Daniel, con el corazón latiendo con fuerza, decidió dar un paseo hacia la playa, buscando respuestas y tratando de encontrar un poco de paz en medio de su tormento interior. La brisa marina lo acariciaba mientras caminaba por la arena dorada, y las olas rompían en la orilla, como un eco de sus propios pensamientos tumultuosos.

Mientras caminaba por la playa, un anciano se cruzó en su camino. Parecía desgastado por los años, pero su mirada tenía una profundidad que llamó la atención de Daniel. Algo en esa mirada le resultó inquietantemente familiar.

Sin dudarlo, Daniel se acercó al anciano y, con voz temblorosa, preguntó: "¿Eres tú, papá?"

El anciano lo miró con sorpresa y asombro en sus ojos cansados, y luego una sonrisa comenzó a curvarse en sus labios arrugados. "Sí, hijo, soy yo", respondió con una voz tranquila y emocionada.

Daniel sintió una oleada de emociones abrumadoras. La incredulidad, la alegría y la tristeza se mezclaron en su interior. Su padre, José, a quien había buscado durante tanto tiempo, estaba frente a él.

José extendió sus brazos, y padre e hijo se abrazaron con fuerza, como si todos los años de separación y sufrimiento se desvanecieran en ese momento. Se miraron a los ojos, y en ese silencio compartido, parecía que las palabras eran innecesarias. Había un entendimiento profundo entre ellos, una conexión que trascendía las palabras.

José compartió su historia con su hijo, explicándole por qué se había alejado y cómo había llegado a vivir cerca de la playa. Daniel lo escuchó con atención, tratando de comprender las razones detrás de la elección de su padre.

A medida que pasaba el tiempo, padre e hijo comenzaron a reconstruir su relación. La playa se convirtió en un lugar de encuentro y sanación para ellos, donde compartían historias, risas y momentos de reflexión. La búsqueda de respuestas se convirtió en una búsqueda de conexión y perdón.

Daniel finalmente encontró lo que había estado buscando durante tanto tiempo: la verdad sobre su padre y la reconciliación con él. A medida que forjaban un nuevo comienzo juntos, los años de dolor y preguntas sin respuesta comenzaron a desvanecerse, y ambos encontraron una especie de redención en su reencuentro.

En la cabaña junto a la playa, padre e hijo se sentaron frente a frente, el sonido suave de las olas rompiendo en la costa llenaba el aire. Daniel miró a su padre, esperando respuestas a las preguntas que habían estado atormentándolo durante tanto tiempo.

José, con calma y sabiduría en sus ojos, comenzó a hablar sobre su búsqueda de libertad. Le contó a Daniel sobre las restricciones de la comunidad en la que habían vivido, sobre las expectativas y las normas que habían llegado a sentir como cadenas. Explicó cómo esa sensación de confinamiento lo había llevado a tomar decisiones radicales, buscando la libertad que anhelaba desesperadamente.

"La libertad, hijo, es un tesoro que a veces está oculto detrás de las decisiones difíciles", dijo José. "No siempre es fácil entender las elecciones que hacemos en busca de esa libertad. Pero en mi búsqueda de ella, perdí muchas cosas también. La libertad viene con un costo, y a veces, ese costo puede ser muy alto".

Daniel asintió, absorbiendo las palabras de su padre. Comenzó a comprender el dilema de José, la lucha entre el deseo de libertad y las consecuencias dolorosas que esas elecciones podían tener en las personas que amaba.

"¿Pero qué pasa con la responsabilidad, papá?" preguntó Daniel, con un tono de angustia en su voz. "¿No tenemos la responsabilidad de nuestras acciones hacia los demás, incluso si buscamos nuestra propia libertad?"

José asintió, reconociendo la verdad en las palabras de su hijo. "Sí, hijo, tenemos responsabilidades hacia los demás. A veces, en nuestra búsqueda de libertad, perdemos de vista esas responsabilidades y causamos dolor a aquellos que nos rodean. Mi elección de alejarme y buscar mi propia libertad fue egoísta en muchos aspectos. Aprendí que la verdadera libertad viene cuando podemos encontrar un equilibrio entre nuestras necesidades individuales y nuestras responsabilidades hacia los demás".

Daniel reflexionó sobre las palabras de su padre. Comenzó a darse cuenta de que la libertad no significaba desvincularse por completo de las responsabilidades, sino encontrar una manera de vivir auténticamente sin causar daño innecesario a los demás.

A medida que la conversación continuaba, padre e hijo compartieron sus pensamientos y emociones más profundos. En ese rincón tranquilo cerca de la playa, encontraron un espacio para la comprensión mutua y la aceptación. Daniel, aunque todavía lleno de preguntas, comenzó a sentir una sensación de cierre y, finalmente, de paz.

La charla continuó hasta altas horas de la noche, y en ese momento especial, padre e hijo encontraron una conexión renovada, tejida a través de las complejidades de la libertad, la responsabilidad y el amor. La playa, testigo silencioso de su encuentro, llevó consigo el eco de su conversación profunda, recordándoles a ambos la importancia de encontrar la verdad y la reconciliación en medio de la confusión y el dolor.

Daniel miró a su padre, sus ojos buscaban respuestas profundas en los ojos cansados pero sabios de José. "Papá", comenzó Daniel, "si todos buscamos la libertad, ¿por qué algunos de nosotros están dispuestos a sacrificar todo por ello, incluso nuestras relaciones y nuestras responsabilidades hacia los demás?"

José sonrió, como si estuviera esperando esta pregunta. "Es cierto, hijo", dijo, su voz tranquila llevaba consigo una sabiduría antigua. "La libertad es un anhelo universal, pero su significado y su precio son diferentes para cada uno de nosotros. Algunos están dispuestos a sacrificarlo todo porque creen que solo a través de la total independencia pueden encontrar la verdadera libertad".

Daniel frunció el ceño, tratando de entender. "Pero, papá, ¿no hay algo egoísta en eso? ¿No significa que estamos poniendo nuestras necesidades por encima de los demás, incluso de las personas que amamos?"

José asintió lentamente. "Fromm tenía razón cuando dijo que a menudo somos conscientes de nuestros deseos pero no de los motivos detrás de ellos. La búsqueda de la libertad puede ser un deseo profundamente arraigado, a veces incluso impulsado por heridas pasadas o restricciones que hemos experimentado en nuestras vidas. Pero la verdadera libertad, hijo, no radica en la independencia completa, sino en la capacidad de vivir auténticamente mientras mantenemos nuestras conexiones con los demás".

Daniel consideró estas palabras. "Entonces, ¿crees que deberíamos encontrar un equilibrio entre nuestras necesidades individuales y nuestras responsabilidades hacia los demás?"

José asintió con una sonrisa comprensiva. "Exactamente, hijo. La libertad verdadera se encuentra en esa intersección entre nuestras aspiraciones personales y nuestras obligaciones hacia los demás. Es un acto de equilibrio delicado pero esencial para vivir una vida auténtica y significativa".

Los dos hombres se sumieron en un silencio reflexivo, permitiendo que las palabras de Fromm resonaran en sus mentes. La brisa marina soplaba suavemente a su alrededor, como si la naturaleza misma estuviera de acuerdo con la sabiduría compartida en ese momento.

"Quizás, papá", dijo Daniel finalmente, "la verdadera libertad proviene de la aceptación de nuestras propias limitaciones y la comprensión de que nuestra libertad está entrelazada con la de los demás".

José sonrió con orgullo. "Eso es sabio, hijo. Aceptar nuestras limitaciones y encontrar significado en nuestras conexiones con los demás nos permite experimentar la libertad en su forma más pura y auténtica".

En ese momento, padre e hijo se sumieron en un profundo entendimiento mutuo, sabiendo que habían tocado un tema fundamental sobre la naturaleza humana y la búsqueda eterna de la libertad. Sus corazones se sintieron ligeros, como si hubieran alcanzado un nivel más profundo de entendimiento en medio de la vastedad del universo y la complejidad de la existencia humana.

Daniel se sorprendió al escuchar esas palabras de su padre. "¿Dejaste de creer en Dios, papá?" preguntó, sintiendo una mezcla de asombro y confusión.

José asintió lentamente, su mirada perdida en el horizonte del océano. "Sí, hijo, hubo un tiempo en mi vida en el que perdí mi fe en lo divino. Me encontré cuestionando las enseñanzas y las creencias que nos habían inculcado desde jóvenes. Fue un período de profunda introspección y búsqueda de respuestas".

Daniel sintió una oleada de empatía por su padre. "¿Y encontraste esas respuestas, papá?"

José suspiró, como si estuviera recordando un viaje largo y complicado. "En cierto modo, sí. Descubrí que la verdadera espiritualidad y conexión con lo divino no se encuentran en las paredes de un templo o en las páginas de un libro sagrado. Están en la naturaleza, en los lazos que compartimos con los demás, en el amor y la compasión que mostramos. Encontré a Dios en los ojos de las personas que ayudé, en los abrazos de aquellos a quienes consolé y en los momentos de alegría compartidos con seres queridos".

Daniel se quedó pensativo por un momento. "Entonces, ¿crees que la espiritualidad está en nuestras acciones y conexiones más que en las creencias religiosas?"

José asintió, con una sonrisa serena en su rostro. "Exactamente, hijo. La espiritualidad verdadera va más allá de las divisiones religiosas. Está en el amor incondicional que ofrecemos, en la empatía que sentimos por los demás y en la paz que encontramos al aceptar la belleza y la complejidad del universo".

Daniel se sintió profundamente conmovido por las palabras de su padre. En ese momento, comprendió que la búsqueda de la verdad y la espiritualidad no tenía un camino único y definido. Estaba lleno de matices y experiencias individuales, cada persona tenía su propio viaje hacia la comprensión y la conexión con lo divino.

Ambos hombres se sumieron en un silencio contemplativo, dejando que las olas del océano les recordaran la vastedad del universo y la maravilla de la existencia. En ese momento, padre e hijo encontraron una conexión más profunda, una comprensión mutua que trascendía las palabras y las creencias, abrazaron la riqueza de la experiencia humana en toda su complejidad.

Ambos estaban sumergidos en un ambiente increíble de preguntas y respuestas, hasta que llegaron las preguntas incomodas, Daniel le pregunta sobre Dana y su relación anterior y todos los chismes de su juventud en la comunidad.

José suspiró profundamente, reconociendo la naturaleza incómoda de la pregunta de Daniel. Miró a su hijo con seriedad antes de hablar.

"Sí, hijo, hubo un tiempo en mi juventud en el que me encontré en una relación con Dana. Fue un amor intenso pero complicado. Las personas en la comunidad empezaron a hablar y a juzgar nuestras acciones. Los chismes se propagaron como un incendio y, finalmente, decidimos separarnos para proteger a nuestras familias del escándalo y el juicio".

Daniel asintió, comprendiendo la dificultad de la situación. "¿Fue esa separación lo que te llevó a cuestionar tus creencias y tu fe?"

José asintió lentamente. "Sí, en parte. Me di cuenta de que las creencias y las normas de nuestra comunidad a menudo limitaban nuestra capacidad de amar y ser felices. Fue un momento de despertar, un momento en el que comencé a cuestionar las enseñanzas que se me habían inculcado desde joven".

Daniel procesó las palabras de su padre en silencio. "Pero, papá, ¿cómo encontraste la paz después de todas esas luchas y desafíos? ¿Cómo superaste el juicio de los demás y las expectativas de la comunidad?"

José sonrió con tristeza. "Aprendí a aceptar que no podemos controlar las opiniones de los demás. La verdadera paz viene de vivir auténticamente, de seguir nuestro propio camino incluso si va en contra de las expectativas de los demás. Aprendí a amarme y respetarme a mí mismo, incluso cuando otros no lo hicieron".

Daniel se sintió inspirado por las palabras de su padre. "Entonces, ¿crees que la verdadera libertad viene de vivir de acuerdo a nuestra verdad interior, sin importar lo que piensen los demás?"

José asintió con gratitud en sus ojos. "Exactamente, hijo. La verdadera libertad viene de ser fiel a uno mismo, de vivir con autenticidad. No podemos encontrar la paz si vivimos para complacer a los demás. Debemos encontrar el coraje para ser quienes realmente somos, incluso si eso significa enfrentar la desaprobación y el juicio de los demás".

Padre e hijo continuaron su conversación profunda, explorando los matices de la vida, el amor, la fe y la libertad. En ese momento, Daniel sintió una profunda conexión con su padre y una nueva comprensión de las complejidades de la existencia humana. A medida que el sol se ponía en el horizonte del océano, padre e hijo encontraron consuelo y sabiduría mutua en las palabras compartidas y en la aceptación incondicional del otro.

José interrumpiendo a Daniel en sus argumentos, nuevamente le cita una frase de Fromm" no hay en el alma libertad absoluta o libre, sino que el alma es determinada a desear esto o aquello por una causa, la cual también por una causa, y está por otra causa, así hasta el infinito".

Daniel reflexionó sobre las palabras de su padre y la cita de Fromm. Se sumió en un profundo pensamiento, tratando de entender la complejidad de la libertad y la determinación del alma.

"Entonces, papá, ¿estás diciendo que estamos condicionados por una serie interminable de causas y efectos, y que nuestra libertad está limitada por estas fuerzas que están más allá de nuestro control?", preguntó Daniel, buscando claridad en medio de la filosofía que su padre le estaba presentando.

José asintió, reconociendo la profundidad de la pregunta de su hijo. "Exactamente, Daniel. Nuestra libertad está entrelazada con las circunstancias, las experiencias y las elecciones que enfrentamos en la vida. Pero también hay un espacio en el que podemos ejercer nuestra libertad: en cómo respondemos a esas circunstancias, cómo enfrentamos nuestras elecciones y cómo decidimos vivir nuestras vidas".

Daniel asimiló las palabras de su padre. "Así que, aunque nuestras vidas estén determinadas por una cadena infinita de causas y efectos, todavía tenemos la libertad de elegir cómo reaccionamos ante esas condiciones. Nuestra verdadera libertad radica en nuestra capacidad para tomar decisiones conscientes y actuar de acuerdo con nuestros valores y creencias, incluso cuando enfrentamos desafíos y limitaciones".

José sonrió, sintiéndose orgulloso del entendimiento profundo de su hijo. "Exactamente, Daniel. La verdadera libertad viene de vivir con conciencia y responsabilidad, de elegir ser auténticos y fieles a nosotros mismos, incluso cuando el mundo que nos rodea está lleno de restricciones y determinaciones".

Padre e hijo compartieron un momento de silencio, absorbiendo la sabiduría de sus palabras compartidas. En ese instante, ambos sintieron una conexión más profunda, un entendimiento mutuo que trascendía las palabras y se sumergía en el núcleo mismo de su existencia. Se dieron cuenta de que, a pesar de las complejidades de la vida, su vínculo y su amor mutuo eran una fuente inagotable de fortaleza y sabiduría.

Terminando ese momento de silencio José empieza darle una catedra sobre la crítica sobre los juicios de las personas y una crítica a la moral impuesta por la religión en occidente.

José se aclaró la garganta antes de comenzar, sabiendo que lo que iba a decir sería profundo y controvertido. "Daniel, quiero hablarte sobre la crítica a los juicios de las personas y cómo la moralidad, especialmente en el contexto religioso occidental, puede convertirse en una prisión para el alma."

"Las personas a menudo se sienten en la libertad de juzgar a los demás, basando sus opiniones en sus propias creencias y valores. Pero, ¿quién somos nosotros para juzgar las elecciones y los caminos de los demás? Cada individuo vive una realidad única, con experiencias y circunstancias que nosotros, desde fuera, nunca entenderemos completamente."

"La moral impuesta por la religión, a pesar de sus nobles intenciones, puede volverse rígida y restrictiva. Las reglas y normas pueden dictar cómo debemos vivir nuestras vidas, pero la verdadera espiritualidad va más allá de las restricciones impuestas. Se trata de la conexión interna con lo divino, de vivir desde el amor y la compasión, no desde el temor y la condena."

"Hay una diferencia entre la moralidad genuina, que proviene del corazón y se basa en la comprensión y el amor por nuestros semejantes, y una moralidad impuesta, que se basa en el control y el miedo. La verdadera moralidad proviene de la empatía, el entendimiento y la aceptación. Se trata de aprender a vivir en armonía con nosotros mismos y con los demás, no de imponer nuestras creencias a los demás."

Daniel asintió, absorbido por las palabras de su padre. "Entiendo, papá. Entonces, ¿cómo podemos vivir una vida auténtica y espiritual en un mundo que a menudo nos juzga por nuestras elecciones y creencias?"

José sonrió, apreciando la profundidad de la pregunta de su hijo. "Viviendo desde el amor y la comprensión, Daniel. Cultivando la empatía y el respeto por las diferencias. Aprender a ver la humanidad en todos, independientemente de sus elecciones y creencias. sobre todo, vivir nuestras vidas de acuerdo con nuestros valores y principios, sin dejar que el juicio externo nos desvíe del camino que sabemos que es verdadero para nosotros".

Padre e hijo continuaron su conversación, explorando juntos las complejidades de la moralidad, la espiritualidad y la verdadera libertad del alma. En ese momento, ambos se dieron cuenta de que su conexión trascendía las palabras y las diferencias de opinión, encontrando un terreno común en el amor y la comprensión mutua.

Todo se veía muy tenso en algún momento de la plática, hasta que sobre salta una última pregunta de Daniel a José. ¿qué pasará con el futuro?, e inmediatamente José termina con una cita de Platón, "tengo una fe completa en lo dicho, y estoy resuelto a comparecer delante del juez con el alma tan pura como pueda, por lo tanto, despreciando lo que la mayor parte de los hombres estiman, y no teniendo otra guía que la verdad.

haré cuanto pueda por vivir y morir, cuando el tiempo se haya cumplido, tan virtuoso como me sea posible, invito a todos y te invito a ti mismo, a mi vez, a adoptar este género de vida, y ejercitarse en este combate, el más interesante a mi juicio de todos lo des este mundo. te digo que no estarás en estado de auxiliarte a ti mismo, cuando sea preciso comparecer y sufrir el juicio del que hablo, y cuando hayas llegado en presencia de tu juez, cuando te haya cogido y llevado delante de su tribunal, bostezarás y perderás la cabeza ahí".

Daniel se quedó en silencio después de escuchar las palabras de su padre y luego, con una sonrisa sutil, respondió: "Entonces, papá,

¿estás diciendo que el verdadero juicio viene del alma y de vivir en consonancia con la verdad y la virtud?"

José asintió con gratitud por la comprensión de su hijo. "Exactamente, Daniel. Platón nos recuerda que el verdadero juicio viene del alma y de vivir una vida virtuosa y honesta. Nuestros actos y elecciones definen quiénes somos, y al final, enfrentarnos a nosotros mismos y a nuestras propias acciones es el juicio más profundo y significativo que experimentaremos."

Los dos hombres se quedaron allí, frente al océano, sumidos en sus pensamientos. En ese momento, Daniel sintió una sensación de calma y determinación. Sabía que el viaje de la vida era complicado y lleno de desafíos, pero también entendió que, al vivir con autenticidad, podría enfrentar cualquier juicio interno con confianza y paz en su corazón.

Con una mirada de complicidad, padre e hijo compartieron un momento de profunda conexión. Sabían que la vida seguiría siendo un misterio, pero también comprendieron que, al abrazar la verdad y la virtud, podrían enfrentar cualquier desafío con valentía y sabiduría.

La noche cayó sobre ellos mientras continuaban su conversación, explorando los rincones más profundos del alma y encontrando consuelo en la compañía mutua. En ese momento, supieron que, sin importar lo que el futuro les deparara, estaban preparados para enfrentarlo juntos, con la verdad como su guía y la virtud como su brújula.

"En el océano vasto de la vida, nuestras almas son marineros, navegando entre las olas del tiempo y la eternidad. En el tumulto de las decisiones y los juicios, encontramos nuestra verdadera brújula en la virtud y la verdad. Como dijo Platón, el juicio más profundo llega cuando nos enfrentamos a nosotros mismos, cuando nuestros actos se alinean con la honestidad y la integridad. Así, en cada elección, en cada momento de integridad, tejemos el tapiz de nuestro destino. Que nuestras acciones sean como estrellas en la noche, iluminando el camino hacia el juicio del alma, donde la verdad es el juez y la virtud, nuestro refugio. En esta travesía,

en este juicio interno, encontramos la esencia de nuestra existencia: ser verdaderos, ser virtuosos, ser eternos marinos en el vasto océano del ser."

160   DR. SAMUEL SOTO

en este juicio interno, encontramos la esencia de nuestra existencia: ser verdaderos, ser virtuosos, ser eternos marinos en el vasto océano del ser."

Don't miss out!

Visit the website below and you can sign up to receive emails whenever DR. SAMUEL SOTO publishes a new book. There's no charge and no obligation.

https://books2read.com/r/B-A-NWMMC-KIWAF

BOOKS 2 READ

Connecting independent readers to independent writers.

About the Author

Nacido en Torreón, Coahuila, México, Dr.Samuel Soto García es un destacado estudiante y emprendedor con una sólida trayectoria en el ámbito de los negocios. Cursó la licenciatura en Ingeniería Industrial en el Instituto Tecnológico de La Laguna, donde estudió de 2007 a 2012. Posteriormente, continuó su formación académica con una maestría en Ingeniería Industrial en la misma institución, obtenida entre 2014 y 2016. Finalmente, concluyó su doctorado en la Universidad Autónoma de Coahuila, en la Facultad de Contaduría y Administración, de 2016 a 2020. Actualmente, sigue colaborando en proyectos de investigación y desarrollo empresarial.

dr.samuelsoto@gmail.com

Read more at https://www.linkedin.com/in/samuel-soto-garcia-4622925a/.

www.ingramcontent.com/pod-product-compliance
Lightning Source LLC
Chambersburg PA
CBHW031631170726
47990CB00017B/447